中国法治文学网络作品征文获奖书系

中国反商业贿赂第一案

中国法学会法治文化研究会 编

群众出版社

图书在版编目（CIP）数据

中国反商业贿赂第一案 / 中国法学会法治文化研究会编 .—北京：群众出版社，2022. 1

（中国法治文学网络作品征文获奖书系）

ISBN 978-7-5014-6115-8

Ⅰ. ①中…　Ⅱ. ①中…　Ⅲ. ①报告文学—中国—当代　Ⅳ. ①I25

中国版本图书馆 CIP 数据核字（2021）第 249156 号

中国反商业贿赂第一案

中国法学会法治文化研究会　编

出版发行：群众出版社

地　　址：北京市丰台区方庄芳星园三区 15 号楼

邮政编码：100038

经　　销：新华书店

印　　刷：三河市荣展印务有限公司

版　　次：2022 年 1 月第 1 版

印　　次：2022 年 1 月第 1 次

印　　张：9. 625

开　　本：880 毫米×1230 毫米　1/32

字　　数：206 千字

书　　号：ISBN 978-7-5014-6115-8

定　　价：49. 00 元

网　　址：www. qzcbs. com

电子邮箱：qzcbs@ sohu. com

营销中心电话：010-83903991

读者服务部电话（门市）：010-83903257

警官读者俱乐部电话（网购、邮购）：010-83901775

文艺分社电话：010-83901330　　010-83903973

前言

为切实履行法治文学肩负的新时代使命，弘扬社会主义法治精神，推进法治中国建设，中国法学会法治文化研究会于2020年9月22日发布了举办“中国法治文学网络作品征文”活动的公告。

为确保此次活动成功，特别成立了“中国法治文学网络作品征文活动组委会”，组委会主任由中国法学会党组成员、副会长，中国法学会法治文化研究会会长张苏军同志担任；组委会办公室主任由中国法学会法治文化研究会常务副会长周占华同志担任，副主任由中国法学会法治文化研究会副会长朱克辛、易孟林、刘巍同志担任。作品征集时间为2020年10月1日至2021年3月15日。

经过长达近半年的征文，共收到作品121部（篇、首）。其中，小说33部（篇），报告文学10部（篇），散文17篇，诗歌61首。经初评委审定，提交终评委44部（篇、首）。经终评委审定，最终获奖作品为30部（篇、首）。其中，一等奖1部，二等奖3部，三等奖10部（篇），优秀奖16部（篇、首）。

此次征文评选的原则是：

1. 凡涉案作品，案件未经人民法院宣判，不宜选入。

2. 凡涉及敏感题材，须报有关主管部门审批的作品，不宜选入。

3. 一个作者，只能参评一篇作品。

“中国法治文学网络作品征文获奖书系”共5部，收录了一等奖、二等奖、三等奖作品。三等奖作品中的长篇小说和部分报告文学存目，同时附录全部获奖作品名单。

“中国法治文学网络作品征文获奖书系”编委会

2021年12月28日

中国反商业贿赂第一案

易卓奇

目录

引子

2014年9月19日，长沙市中级人民法院依法审理葛兰素史克（中国）投资有限公司（简称GSKCI）和该公司原总经理马克锐（英文名：Mark Reilly，GSKCI法定代表人）等人对非国家工作人员行贿、非国家工作人员受贿案，一审判决：马克锐等涉案高管被判有期徒刑，GSKCI公司被处罚金30亿元人民币。这是迄今为止中国司法机关开出的最大罚单。

长沙法院的法槌刚刚落下，葛兰素史克总公司第一时间向全球发布道歉声明：

“中国司法机关经过全面深入调查，依法认定葛兰素史克（中国）公司为谋取不正当利益，给予非国家工作人员财物，构成对非国家工作人员行贿罪。葛兰素史克总公司完全认同中国司法机关依法认定的事实和证据，服从中国司法机关的依法判决，并向中国患者、医生、医院和中国政府、全体中国人民深刻道歉，对于由此造成的损害，葛兰素史克总公司深感痛心和愧疚。对因葛兰素史克中国公司非法调查而受到伤害的有关人员，葛兰素史克总公司也深表歉意。

“葛兰素史克（中国）公司的违法行为同样严重违背了葛兰

素史克总公司的规章制度，完全背离了总公司要求员工遵守的价值观和行为准则。这些行为未能及时被发现并制止，葛兰素史克总公司深感遗憾。葛兰素史克总公司已经深刻反省，并从中吸取教训，采取了具体措施，全面整改葛兰素史克（中国）公司运营中存在的问题，尽一切努力，重新赢得中国人民的信任。

“今天，葛兰素史克总公司进一步向中国政府和人民承诺，葛兰素史克（中国）公司将以实际行动在中国医药行业树立改革的样板：将坚持在中国持续投资，并一如既往地支持中国的科技发展；将针对流行于中国的疾病，进一步推进药物和疫苗的研发。葛兰素史克（中国）公司还将通过扩大生产、扩大药品价格下浮空间，让中国农村地区和城市一样，提高对葛兰素史克药品的可及性。葛兰素史克总公司将践行这一系列长远的发展战略，致力于促进中国人民的健康福祉，为中国经济社会发展积极贡献力量。”

人们不禁要问，全球药企排名前十的葛兰素史克总公司为什么这么快认罪服罚？对中国法院的判决为什么如此高度服从？为什么会这么坦诚地向中国政府和人民深深道歉？为什么不申诉不反驳不抵赖？这在“大英帝国”的历史上可谓开天辟地第一回。

要揭开这一系列谜底，还得从中国警方成功侦破这起跨国大案说起……

一、狐狸的尾巴

早在2013年年初，审计署驻上海特派办例行对上海市国税局展开审计。审计过程中，审计人员仔细分析了企业的年度报税材料，将营业费用居高的诸如药品、化妆品等行业行为列为此次审计重点关注的对象，结果发现一家外资药企营业费用约六亿元，达到该公司主营业务收入的30%。

这让审计人员感到有些不可思议。

什么公司如此财大气粗？

一查，这家外资药企叫葛兰素史克（中国）投资有限公司（以下简称GSKCI）。

营业费用花去六亿元，什么概念？如此之高的营业费是怎么花的？到底花到什么地方了？

一系列疑问……审计人员凭借着高度的职业敏感，觉得这奇高的营业费用背后一定隐藏着什么秘密。

什么秘密？

随便翻翻财务报表当然无法知道。

审计人员决定一查到底，查个究竟。

通过对药企财务资料的细细分析，审计人员发现，该跨国药企的营销费用很大一部分支付给了一家旅行社——上海市临江国际旅行社。

这是一家规模不大的民营旅行社，名不见经传，有二十多名员工，老板姓翁，叫翁某雍。就是这么一家小小的旅行社，在该药企众多的供应商中，却显得特别活跃，且与多个药企均有业务往来。

调查发现，有些药企第一年还跟别的旅行社合作，第二年就跑到临江国际旅行社来了。

这家旅行社究竟施了什么魔法，竟然让那么多像 GSKCI 的跨国药企如此青睐?

这后面一定有名堂。

审计人员把目光盯上了临江国际旅行社，也盯上了实力雄厚的跨国药企——GSKCI。

GSKCI 为什么选择一个毫不起眼的民营旅行社作为合作伙伴？临江又是怎么攀上 GSKCI 这根高枝的?

调查发现，临江国际旅行社的日常业务，主要是组织在沪外企高端商务人员在中国境内及世界各地开展会议、会务、会展和培训工作。奇怪的是，该旅行社不做旅游业务，却业务量惊人，年收入 1.5 亿元，高得离谱。

审计人员通过对临江国际旅行社账目的分析，掌握了该旅行社的成本核算方法，从中找到了与其成本不符的几单业务，发现其中有一单简直匪夷所思：临江国际旅行社支付 200 万元给了天津一家房地产公司，而该房地产公司跟临江国际旅行社并无直接业务往来。

审计人员即赴天津调查。在公安机关的配合下，审计人员获取了关键性证据：购房的正是GSKCI的一名业务经理。

临江国际旅行社怎么会为GSKCI的业务经理支付购房款呢？难道这也是GSKCI的营业费用？

这中间有猫腻！可能存在一个不可告人的交易。

审计人员进一步调查发现，从2009年至2010年，GSKCI等数十家制药企业以会议费的名义支出5.2亿元，其中支付给临江国际旅行社的就高达3亿元。

为什么没有组织游客旅游？如此高的费用干了什么？

临江国际旅行社的法人代表翁某雍给出的解释自然冠冕堂皇：我们专门为制药公司服务，负责其会务，等等。

审计人员查了其几单业务：2009年4月，GSKCI邀请业内人士12人赴法国戛纳开会，耗资85.08万元；同年10月，GSKCI邀请业内人士13人赴加拿大蒙特利尔开会，耗资90.47万元；2010年7月，GSKCI邀请业内人士500人赴成都开会，耗资332.95万元……

仅仅2009年至2010年，临江国际旅行社就收到GSKCI公司2500万元的“会议费”。

审计人员敏感地意识到，GSKCI可能通过利用旅行社贿赂、赞助相关医药行业协会和给予代理商推广服务费等方式，实施“带金销售”，向少数国家工作人员、部分相关医药行业协会和医院领导及医生行贿。

如果GSKCI涉嫌行贿，那它做得实在是相当隐蔽，自己不出面，一切由临江国际旅行社代劳，雇请第三方代行贿赂，这种行事之风实在比狐狸还要狡猾。

然而，再狡猾的狐狸总有露馅儿的时候。审计署驻上海特派办的审计专家最终还是逮住了 GSKCI 这只老狐狸露出来的一节小尾巴。

可再往下调查，已经超出审计部门的职权范围了。

审计署驻上海特派办随即将发现的重要线索，移交给了公安部经济犯罪侦查局。

二、赴北京受命

公安部经济犯罪侦查局（以下简称公安部经侦局）是负责指挥、协调侦查全国大型经济犯罪的业务局，是我国打击经济犯罪的最高指挥、决策机关。2013 年 3 月，接到报案后，公安部经侦局立即展开调查，很快发现，上海临江国际旅行社有限公司存在大量违规套现行为，套现服务对象主要是 GSKCI 等大型跨国药企。该旅行社在不做旅游业务的情况下，营业额高达数亿元，其主要收入就是与各大跨国药企开展会务合作，有商业贿赂、虚开发票等重大经济犯罪嫌疑。

2013 年 5 月 9 日，公安部经侦局正式对 GSKCI 涉嫌商业贿赂、虚开发票等重大经济犯罪行为予以立案侦查，案件代号“5·09”。

此间，公安部经侦局先后调遣上海第二直属总队、郑州市公安局等部门对 GSKCI 商业贿赂行为进行了深入广泛的外围调查，发现了不少端倪。但客观地说，此时离真正意义上的破案还有相当距离。

2013 年 6 月 14 日，公安部经侦局召集郑州市公安局、上海市公安局、公安部经侦局上海第二直属总队等有关部门在北京专题研究“5·09”案件侦破工作。

鉴于长沙市公安局在侦办商业贿赂犯罪案件方面具有丰富的经验，公安部经侦局领导指名时任长沙市公安局党委副书记、副局长张慧同志率领市局经侦支队打击商业贿赂犯罪的相关人员速赴北京，参加“5·09”案件侦破工作会商会。

公安部经侦局的领导很想听听张慧同志对此案侦破的看法。在全国经侦战线，尤其是打击商业贿赂犯罪方面，张慧同志是专家，虽然他当警察是半路出家。早年他一直在长沙市检察院工作，担任市检察院副院长多年，熟知法律法规；2009 年领导干部交流，他被交流到市公安局担任局党委副书记兼副局长，一直分管经侦一线。这几年，张慧同志指挥长沙经侦在打击商业贿赂经济犯罪方面硕果累累，积累了丰富经验。他本人也多次应邀到全国公安院校和兄弟公安机关讲学交流，介绍打击商业贿赂犯罪的经验和体会。正因如此，经侦局的领导急召张慧同志和长沙经侦支队的负责人进京商讨“5·09”专案侦破大计。

说是会商，实际上就是出个题目给张慧和他的手下，看这些来自一线的专家怎么拿下这个案子。

客观地说，这个案子从年初开始着手调查，郑州市公安局侦办一段时间，公安部经侦局上海直属二总队也一直在不懈努力，前期尽了最大的努力。但警方面对的是跨国大型药企，商业贿赂的手法实在太狡猾，隐蔽实在太深，几拨调查人员虽然发现了不少线索，但案子并未完全突破。作为全国打击经济犯罪的最高指挥机构，经侦局领导此时可谓心急如焚。

案子必须拿下！必须尽快拿下！

张慧同志在会上谈了自己的看法。经过深思熟虑，张慧表示：GSKCI 在湖南的商业贿赂犯罪案件，长沙公安力争在最短时间内拿下！

“好！要的就是张局的这股冲劲！”主持会议的经侦局政委高峰同志十分高兴，对长沙公安的担当精神予以高度赞扬。

此刻，一同前来参会的时任长沙市公安局经侦支队副支队长陈耀松心里怦怦直跳，头上冒出汗来了。

这是多大的案子？接手这个案子就意味着长沙公安机关将要面对 GSKCI 这样世界重量级跨国药企，我们能拿下吗？万一……

可他转念一想，既然张慧副局长有这个决心，就一定能把 GSKCI 在湖南的商业贿赂犯罪案件拿下。陈耀松跟随张慧打拼多年了，他很清楚，张慧副局长不是那种夸海口的人，他的底气正是来自长沙公安在打击医疗领域商业贿赂犯罪上有过成功的做法，所以他才会大胆承接此案。

虽然紧张，虽然心里在为张慧副局长捏一把汗，可陈耀松还是坚信长沙公安能够拿下 GSKCI 商业贿赂犯罪案件。

鉴于长沙市公安局在打击商业贿赂犯罪方面有成功经验，高峰政委随即与时任公安部经侦局局长孟庆丰同志商量，当即决定，将 GSKCI 商业贿赂犯罪案件整体“打包”，指定由长沙市公安局侦办。

面对公安部经侦局领导的重托，张慧同志没有犹豫，没有退缩，更没有推辞，大胆而又坚决地接受了这个光荣而又艰巨的任务。

“请领导放心，长沙公安一定不负众望，坚决办好此案！”张慧站起来，举手敬礼，正式接受了任务。

此时张慧心里只有一个念头，那就是决不辜负部里领导的期望，也决不能给长沙公安丢脸。他在心里暗暗发誓：不惜一切代价办好此案！

经侦局当即办理了指定管辖函，正式办理了交办手续。

“5·09”案就这样转到了长沙公安机关手中。

这一年的6月18日，长沙市公安局经侦支队收到一张“接受刑事案件登记表”，这是一张非常普通的刑事案件登记表，报案人的姓名是这样写的：上级交办。简要案情这样写道：

2013年6月18日，湖南省公安厅经侦总队转交公安部经侦局关于要长沙市公安局经侦支队立案查处葛兰素史克公司及其关联公司涉嫌经济犯罪的通知，经查，葛兰素史克公司为了在长沙等地推销其药品，公司相关医药代表向湘雅附二医院相关教授、医生行贿达30余万元。

赵明

2013年6月18日

接收人：万雄杰。领导批示一栏写着：同意受案。

两天以后，即6月20日，长沙市公安局以经字【2013】01号《立案决定书》正式批准对GSKCI商业贿赂案件立案侦查：

根据《中华人民共和国刑事诉讼法》第107条之规

定，决定对“葛兰素史克（中国）投资有限公司涉嫌对非国家工作人员行贿”案立案侦查。

长沙市公安局

2013 年 6 月 20 日

至此，新中国成立以来中国公安机关第一次调查外国知名药企经济犯罪案件正式拉开帷幕。

三、并非从零开始

跨国商业巨头与地方公安机关的地位悬殊，专业领域与广阔地域错综交织，国内外舆论的高度关注与破案时间的紧迫，都让张慧副局长和长沙公安机关感到肩上担子沉甸甸的分量。

张慧副局长在北京受命之后，第一个电话是打给一个叫赵明的侦查员："立即摸排长沙范围内葛兰素史克（中国）公司的销售网络、人员、架构、销售模式，尽快摸出他们商业贿赂的有关情况……"

赵明时任长沙市公安局经侦支队一大队大队长，是一个有着丰富侦破经济犯罪案件经验的侦查员。他一米八的个子，四十来岁，精明强干，曾经侦办过多起重特大经济犯罪案件，是支队侦查破案的中坚、骨干。

赵明虽然破案无数，可接到主管局长从北京打来的电话，还是有点儿蒙。

葛兰素史克？什么公司？干什么的？还商业贿赂？从来就没听说过。

赶紧上百度，查！

从百度上赵明获得了一些有关 GSKCI 的基本信息：

葛兰素史克（GSK），以研发为基础的药品和保健品公司，年产药品40亿盒，产品遍及全球市场；由葛兰素史克威康和史克必成合并而成，于2000年12月成立。

两家公司的历史均可追溯至19世纪中叶，在一个多世纪的不断创新和数次合并中，各自在医药领域都确立了世界级的领先地位。葛兰素史克公司在抗感染、中枢神经系统、呼吸和胃肠道代谢四大医疗领域代表当今世界的最高水平，在疫苗领域和抗肿瘤药物方面也雄居行业榜首。

公司在世界41个国家拥有108家制造工厂和24个研发中心，产品远销全球191个国家和地区，在全球拥有10万余名既掌握专业技能又有奉献精神的出色员工，其中研发人员达16000余名，遍布70多个国家。2002年，其研发投资高达40亿美元。公司在基因科学、遗传学及新药开发技术方面居世界领先地位。2002年，公司全球销售总额达318亿美元；公司市值为1454亿美元，列全球第13位。

在世界五百强《财富》排行榜上，2010年，GSK排名第163位；2011年，排名第194位；2012年，排名第231位；2013年，排名第253位。该公司号称全球第三大制药公司，2009年全球销售额高达451亿美元，纯利润103亿美元……

葛兰素史克（中国）投资有限公司上海办事处，主要经营本公司经营范围内的业务联络，于2002年1月7日在上海工商局登记注册，公司坐落在上海市卢湾区淮海中路2—8号兰生大厦18楼，在职员工200名。目前，公司在中国上市的产品包括抗肝炎、抗艾滋病、抗糖尿病和抗哮喘等药品，以及抗生素、解热镇痛药和各类疫苗近40种。迄今为止，公司在国内药物研发项目上的投入已超过1000万美元，是国内研发领域的最大投资者之一……

赵明虽然侦破过多起经济犯罪案件，可从来没有办过涉外案件。面对这样一家有名的跨国药企，他一时不知道从何查起，如何下手。

除了网上这些情况，他手上再没有任何资料。别的案子总还有个举报什么的。张局要他查，却什么信息都没有，在他看来，完全就是一张白纸。

他的第一感觉是，不相信。

这样一个声名显赫的跨国药企，会实施商业贿赂？为了卖药贿赂医生、贿赂医院不是什么新鲜事，可像GSKCI这样的知名药企不愁药卖不出去，为什么也要行贿？

赵明心里十分疑惑。

可这不是他信不信的问题，张慧副局长从北京打电话过来，就是要他查对方的商业贿赂问题。显然，无风不起浪，GSKCI肯定有问题。

凭他多年的经验，GSKCI的商业贿赂一定非同一般，要不，张局和支队领导都跑去北京开会干吗？张局人还没回就叫他着手调查这家公司的商业贿赂问题，如果一点儿小问题何必如此兴师动众？问题一定非常突出。

查！

可从哪儿入手？手里什么线索都没有，什么资料也没有，怎么查？

无非从明面上查，暗地里查，赵明如此这般做了部署。

一个药企要销售药品，肯定有相应的机构。赵明安排手下，兵分两路，一路通过卫生局、医药管理局，名正言顺正面查；另一路深入医院，通过各种非正常渠道，悄悄地查。

专案民警很快发现，GSKCI 在长沙有个业务部，原本是负责 GSKCI 药品销售工作，对外称 GSKCI 长沙办事处。但专案民警跑去查看，却发现此处已经人去楼空。

GSKCI 长沙办事处为什么突然人去楼空？是不是警方的行动已经走漏风声？

来不及过细探究，张慧副局长又打来电话询问摸排调查的情况。

听领导的口气，很急。赵明知道，得赶紧想办法把 GSKCI 在长沙的销售脉络摸清楚。

这时，赵明想到了一个人，他的一个在中南大学湘雅二医院当医生的同学。关于医院的医生开药吃回扣问题，已经不是什么新鲜事了，找他肯定能知道一些内幕。

这天晚上，赵明把该同学约到茶楼，刺探“军情”。

“说吧，什么事不能在电话里说，还请我喝茶，肯定有事求我。”同学知道赵明“无利不起早”，找他必有事。

“真有事请你帮忙。”赵明也懒得转弯抹角，直说请他同学帮忙。

“谁病了？要床位，还是要好药？”同学问。

“不是看病的事，请你帮我个忙，弄到你们医院葛兰素史克医药代理的情况，住哪儿？销售哪些药品？”赵明开门见山。

“你……要这个干什么？”显然，同学有些不愿意。

同学关系再好，赵明要的毕竟是他们医院内部的消息，这是一根敏感的神经，只要是医院里的人，谁都不愿意向外透露医院的内幕。

“我有用。我也不瞒你，我们要查葛兰素史克在你们医院销售贿赂的事。你不用担心，你和给你提供情况的人，一是我们会替你保密，二是即使你和提供情报的人有这方面的问题，我们予以法律范围内的保护。你无论如何要帮我弄到这方面的情况，算我求你。”赵明说得真诚。

“行，我帮你打听。”同学终于答应了。

两天之后，同学果然摸到了GSKCI在长沙销售的情况。

一点儿不假，GSKCI在医院销售药品，采取的就是医生开药直接拿回扣方式。赵明的同学把长沙区域GSKCI医药代表、市场销售的情况都告诉了赵明。有了GSKCI商业贿赂的具体事例，赵明算是掌握了第一手资料。

张慧副局长从北京领受任务回到长沙，立即将情况向时任副市长兼公安局局长李介德同志作了汇报。

案件重大，李副市长当即决定成立“5·09”专案领导小组，由他亲自担任组长，张慧副局长担任副组长，以经侦支队为主体，从全市经侦、网技、公交、国保、执法监督、特巡警支队等单位抽调400余名办案骨干，组建成专案组，分别设审查、外调抓捕、情报调研、综合保障等职能组，全力以赴侦破此案。

至此，长沙“5·09”专案侦破工作全面启动。

正如赵明所说，张慧副局长很急。

他不可能不急，这么重的担子，现在都压在长沙市局头上。他在公安部是拍了胸脯的，要在最短时间内拿下GSKCI在湖南的商业贿赂案子。虽然整个案子他没有承诺半个月拿下，实际上也不可能半个月拿下，现在整个案子是什么情况还不得而知，但GSKCI在湖南的商业贿赂情况必须半个月拿下，这样对整个案子的侦破才会起到积极的推进作用。

但急是张慧副局长的表象，实际上他很冷静。接下重任之后，他就一直在谋划整个案子如何突破。

还是先从长沙、从湖南打开整个案子侦破的缺口。

专案领导小组成立之后，张慧副局长随即在长沙市局网技支队召开了"5·09"专案会议。

会上，张慧副局长首先让赵明汇报前期摸排情况，然后对整个专案侦破工作如此这般布置了一番。

赵明此时对GSKCI在长沙、在湖南的销售模式已经掌握得较为全面。该公司在湖南的销售比较好，尤其是一些常见的进口药十分走俏。比如，有一种治哮喘的药，叫舒利迭，治疗效果很好，对患者来说是终身受用。该产品自在中国销售以来，销量获得大幅增长，其整个销售网络、销售模式、营销手段，警方都已掌控在手。

张慧听了汇报很满意，但感觉力度还是太小。

他又叫赵明去找一个姓肖的人。

此人是药商，对湖南药品销售情况了如指掌，又是张慧多年的朋友。

肖某代理的正是进口药，对行内套路一清二楚。赵明从他那里获取了更多外人无法知道的"秘密"。

很快，GSKCI在整个湖南的销售情况专案组已经完全摸清。

来不及犹豫，更不能等待，兵贵神速，长沙专案组摸清情况后迅速行动。

根据已经掌握的情况，其时 GSKCI 的 HBU（肝炎事业部）湖南地区经理尹某芳正在从长沙回老家郴州的高铁上。专案民警精心布置，在高铁上将她逮住，带回长沙。

与此同时，长沙另一行动组得到情报，GSKCI 湖南商务经理谭某刚刚回到她在河西德润园的家里。专案民警通过物业保安叫开了谭某的家门，一举将其抓获。

随后，专案组先后传唤了部分接受过 GSKCI 商业贿赂的医生、药剂科科长和主管药剂的副院长，获取了 GSKCI 商业贿赂从最底层往上到地区经理的行贿网络、行贿手段和行贿模式等重要证据，初战告捷。

就在长沙警方的侦破工作旗开得胜之际，6 月 24 日，公安部经侦局政委高峰来到长沙，靠前指挥，亲临一线督战。

到达长沙当晚，高峰政委来不及休息，直奔市局经侦支队，在支队五楼会议室听取了专案汇报。

会上，张慧副局长就“5·09”案件侦破情况作了全面汇报。

经过这段时间的侦查，GSKCI 在湖南的销售团队的组织架构、销售人员名单、销售模式等情况警方已经全部掌控，并且已经抓获了部分涉案人员。

时任公安部经侦局第二直属总队王崇青处长此时也奉命专程赶来长沙，在会上汇报了上海专案调查进展情况。其实，整个 GSKCI 商业贿赂案，公安部虽然指定由长沙市公安局负责侦办，但在上海、郑州等地，公安机关的调查一直没有停止，前期做了大量的工作。长沙的侦查并非从零开始。

客观地说，就像田径场上的四百米接力赛，郑州、上海等地已经跑了几个赛段，长沙现在接到的是关键一棒，能否成功到达终点，在此一举。

显然，此案已经不是一起简单的刑事案件，而是可能影响全国的大案，早已上升到了国家层面。

此时，上海方面的调查又有了新的进展。GSKCI 与上海临江国际旅行社有近两亿的资金往来，临江国际旅行社为 GSKCI 大量套取现金，代为贿赂医疗部门的专家、教授、医生等，其商业贿赂行为已经完全浮出水面。

听完各地的汇报，高峰政委考虑片刻，当即决定：异地用警！由长沙派出精干队伍前往上海查处临江国际旅行社，从临江国际旅行社打开 GSKCI 商业贿赂的缺口。

另外，北京专案指挥部早已查明，GSKCI 法务部设在北京，法务总监为赵某燕。此人非同一般，此前北京、郑州等地的工商部门曾对 GSKCI 的商业贿赂问题展开过调查，可都被赵某燕等人巧妙“斡旋”，最终“化险为夷”。

高峰政委很清楚，只要警方在上海采取行动，赵某燕一定不会坐以待毙，搅局是必然的。到时赵某燕在北京兴风作浪，势必影响整个侦破大局。

作为公安部前线指挥员，高峰政委最终决定：对赵某燕一并采取行动，由长沙市公安局再派一支警力立即赶往北京。

专案组兵分两路，北京、上海两地同步进行，一场跨省抓捕行动迅疾展开。

四、上海猎狐

行动迅雷不及掩耳，专案组不少人还没回过神来。

长沙的侦查才刚刚开始，高峰政委突然下令将长沙专案民警分别调往上海、北京，实施异地抓捕任务，大家感到有点儿突然。

按惯例，抓捕谁事先要有目标，怎么行动要制订方案，而这一切对长沙专案民警来说，心里没有一点儿底。

此次行动，他们是在执行公安部的命令。

6月26日，是国际禁毒日，全国各地公安机关都在围绕打击毒品犯罪这一话题开展工作，有的召开宣判会，严惩毒品犯罪；有的集中焚烧毒品，彰显政府禁毒的决心；还有的开展各种活动宣传号召人们远离毒品。

然而，人们不知道，还有一支公安队伍在悄悄行动，在清除经济领域的毒瘤，这便是专案组在北京、上海展开的抓捕行动。

这一天早晨，根据公安部经侦局指令，张慧副局长率领陈耀松等十几名专案民警，乘坐最早一班航班从长沙黄花机场出发，赶往上海，与先期到达的长沙专案民警谭军（时任经侦支队一大队副大队长）、罗学安（经侦支队一大队民警）会合。

10时40分，在经侦局上海直属二总队会议室，高峰主持会议，部署第二天的抓捕行动。参会人员有上海市公安局经侦、网技部门和长沙市公安局专案成员。即将展开的抓捕行动分六个行动组，每组五至六人，参与的有公安部经侦局、长沙经侦、上海经侦、上海网技等单位人员。当天下午，张慧副局长又紧急联系长沙市公安局特警支队，派出五名特警队员增援上海。

此次上海行动重点目标：上海临江国际旅行社。

此时，专案指挥部已经掌握临江国际旅行社大量违法犯罪问题，该旅行社为葛兰素史克公司违规套现“医药推广费”——据2010年审计署驻上海特派办调查了解，从2009年1月至10月、11月，GSKCI以会议费名义支付款项3.05亿元，在成都开会邀请各地医院医生耗资332.95万元，向某预防医学会累计支付2325万元，又拨给临江国际旅行社500多万元，通过临江国际旅行社行贿医生……

警方已经摸清，该旅行社负责人翁某雍下属周某峰、王某、王某华，及其岳母朱某文等人有隐匿、删除相关电子数据嫌疑。

专案组认真研究了针对临江国际旅行社的行动方案，精心布置了第二天的行动抓捕对象。

对临江国际旅行社，查处重点是其单位行贿、虚开发票等问题。根据上海经侦同志掌握的情况，临江国际旅行社涉案六人：翁某雍及其下属，一个都不能放过。其中，李某、朱某文保管着一个小本子——可帮助了解制作虚假成本，以掩盖葛兰素史克套现行贿之事，里面有重要资料，由李某或者朱某文随身携带；王某华为财务经理，具体操作删除财务数据，虚增旅行社成本，虚开发票等行为，曾经拒不配合调查，且涉嫌贿赂税务干部；周某峰负责多个葛兰素史克公司委托的会议项目，并指挥王某将重要的电子文档备份、清理；王某是财务骨干，此时在意大利带团……

张慧副局长提出要求：要查清临江国际旅行社行贿问题，一是为自己业务向非国家工作人员行贿问题，二是间接帮葛兰素史克公司行贿问题。其中，临江国际旅行社与某预防医学会的往来是否正常，旅行社受贿问题，高管人员受贿问题，在行贿过程中是否又吃回扣，虚开发票问题，等等，要一一查清；隐匿、销毁会计资料行为，要从犯罪四个构成要件深挖，特别是要审主观故意；搜查要细，电子证据要尽量恢复，手机要带回；行动务必注意安全。

高峰政委作了战前动员，要求各行动组全力以赴，务必在指定的时间内抓获指定的抓捕对象，一个不漏！

6 月 27 日，上海抓捕行动开始。从早上 5 点开始，各行动小组相继出发。

7 点，在临江国际旅行社老板翁某雍家的抓捕行动首先打响。

此次行动的第一目标就是翁某雍。根据指挥部要求，其他各组行动必须等待成功抓捕临江国际旅行社老板翁某雍之后方可开始。

抓捕翁某雍的任务，由长沙市公安局经侦支队副支队长陈耀松带队执行。

陈耀松，个子不高，却敢打敢冲，有勇有谋。他也是“半路出家”当警察，以前在市审计局工作。长沙市公安局经侦支队成立后，他作为专业人才被调进公安。他进公安时为正科级干部，经过多年摸爬滚打，从普通民警到大队长又到副支队长，成功侦破多起经济案件，积累了丰富的办案经验。此案侦破，他作为中坚力量，既是指挥员，又是战斗员。

此时，陈耀松奉命带领李晖（时任五大队副大队长）等五人对翁某雍实施抓捕任务。

翁某雍家住在黄浦江边一栋三层的别墅中。

陈耀松和李晖等人没有直接前往翁某雍家敲门，以防止他拒绝配合、毁灭证据或发生其他意外。

他们先来到翁某雍家小区的地下车库，先找车，后找人。

侦查员把车库三层找了个遍，终于发现了翁某雍的车还停在车库里，初步判断，翁某雍在家。

怎么找人，陈耀松还是有一套的。他和他的手下没有直闯，而是先叫来保安，说把翁某雍的车剐了，要请保安带路为车主赔车。

保安什么都没问，把陈耀松几人带到了翁某雍家的门口，叫开了翁某雍的家门。

陈耀松等人趁机“闯”进了翁家。亮明身份，抓人！

翁某雍最初还有些疑惑，陈耀松出示的是长沙警官证，搜查令也是长沙的。怎么长沙警察跑到上海来抓人？这不对呀！

他就问：“你们长沙警察怎么跑来上海抓人？这不合法。”

随同而来的公安部经侦局民警随即亮出自己的警官证，说现在是代表公安部在执行任务，请他配合。

翁某雍无话可说，只得乖乖就范。

随后，专案民警立即对翁某雍家进行依法搜查，扣押了一批与案件有关的财务资料和业务合同等。

行动持续到上午 10 点结束。带离翁某雍及其妻子李某的时候，陈耀松给了翁某雍夫妻一个台阶。

当时，翁某雍的孩子正眼巴巴看着父母，陈耀松没有给他俩戴上手铐。

翁某雍也趁机跟孩子撒了个天大的慌，说这些警察叔叔都是爸爸的朋友，爸爸妈妈要跟他们出去办点儿事，让孩子好好在家待着，听阿姨（保姆）的话。

一切就像什么也没发生。

翁某雍夫妻刚刚落网，陈耀松立即将情况报告了指挥部。

就在陈耀松一组成功抓获翁某雍夫妇的时候，陈耀松突然接到指挥部命令，叫他立即带人前往 GSKCI 上海总部，直捣黄龙，任务是调取其所有账务资料，截获相关涉案业务资料。

这个任务来得十分突然，而且非常艰巨，指挥部预先并未部署此项工作。

显然，专案指挥部已经意识到，只要对临江国际旅行社展开行动，GSKCI 就会马上采取相应的措施。销毁证据，是侦查员最为担心的事情。如果不对 GSKCI 公司财务账目立即采取措施，后果不堪设想。

专案指挥部把这项任务交给陈耀松行动组，显然是经过慎重考虑的。陈耀松是做审计出身，非常清楚侦办经济案子时哪些账务对办案有用，哪些账务必须封存。

可此时，陈耀松手下只有四个“兵”，加上他自己共五人。

这边逮住了翁某雍夫妻俩，还扣押了一批财物，接到命令是叫他立即前往 GSKCI，一刻都不可耽误。

看来，查封 GSKCI 公司账务十万火急，几乎没有时间容陈耀松犹豫，更没时间反映自己人手不够。现在他什么都不能说，只有执行，立刻行动，以最快的速度赶往 GSKCI 上海总部。

陈耀松赶紧把押解翁某雍夫妻的任务交给李晖和另一个警察，自己与一名公安部民警、一名经侦局直属二总队民警直奔 GSKCI 上海总部。

行动比想象的要艰难得多。

快到中午时分，陈耀松一行三人赶到 GSKCI 上海总部。

陈耀松首先出示了自己的警官证，接待他们的人感到疑惑，说你长沙警察怎么跑到上海来执法？你没有执法权，我们不能接受你的检查。

随行的公安部民警是位年轻同志，以前多在机关，很少参与基层的抓捕行动，这次抓捕行动也一直是听从陈耀松的指挥。此时见人家质疑陈耀松的身份，立即掏出了自己的警官证，说我们现在受命前来执行公务，代表公安部执法，请你们配合。

对方这才不好再多说什么。但他们表现出来的，是极不配合，一直想办法挑刺，阻扰警察执法。

陈耀松出示调取证据通知书和搜查证，给他们的负责人看。那人提出要拍照。

陈耀松说，看可以，但拍照不行，你必须签字。

当时的情形，必须雷厉风行，以霹雳手段立即调走证据，尽快突破。不然，可能引来麻烦。

可这个搜查证上盖的公章又是长沙市公安局的，对方不愿意配合。

公安部民警解释说，此案乃公安部指定长沙警方侦办，请他配合。

对方依然处处阻拦，根本不予配合。

处处受阻，举步艰难。怎么办？

三个警察，一屋子 GSKCI 员工，光财务部的就有三四十人，没一个配合警察的行动。

若真查不到账务，完不成任务，这个脸就丢大了。

陈耀松是个不信邪的人，当警察十几年了，抓捕的犯罪嫌疑人不上一千也有八百，还从来没碰到过这样的事情，他心里的火气一下子就上来了。

陈耀松突然掏出随身携带的手铐，往身边的办公桌上一摔，大喝一声："谁敢阻碍执法，就把谁铐起来！"

警察亮出家伙，他们还是害怕了。这一吼真就把他们镇住了，没一个人敢再上来阻扰。

同来的两名民警也配合到位，就要给阻拦者戴上手铐，对方这才答应配合。

阵脚总算稳住！

搜查行动正式开始。

也许专案指挥部早就料到陈耀松这边行动的艰难，迅速派人增援。是啊，三个人，怎么对硕大一个公司进行搜查？又怎么冻结封锁他们的电脑？

陈耀松镇住了对方，搜查工作稳步推进。下午，增援部队终于赶来，加快了全面查封 GSKCI 账务的步伐。

经过长达十多个小时的搜查，陈耀松等人将 GSKCI 所有涉案财务资料，包括十几台电脑等予以扣押，租了几辆车将相关资料拖到二总队。

后来陈耀松介绍，当时出示搜查证确实为难，不出示又不好。他是带队的，同来的两个都是年轻警察，没有实战经验，又担心把事情办砸，无奈，还是得他自己出面。

另外，在出示搜查证件的时候，陈耀松也经过了一番考虑，只给对方看了一下，对方要接过去仔细辨认，他没同意，心想要是对方当着他的面撕了搜查证，那他岂不颜面丢尽？之后对方又提出要拍照，他也坚决拒绝。他当时想得更远，此时行动才刚刚开始，要是对方把搜查证发到网上炒作一番，绝对会干扰整个案件的侦查。最终，他凭借多年的办案经验和沉着冷静的心态，确保了搜查行动圆满完成。

行动之后，对方乖乖签字，截获 GSKCI 台账的艰难任务终于得以完成。

拖走那些电脑及其他资料的时候，该公司的一帮人在一旁起哄。

一个公司高管公开叫嚣："我们公司也不是第一次被查，比你们更强、级别更高的部门都拿我们没有办法，这些都是英文记账，你们这些连普通话都说不好的长沙'土鳖'就更别妄想了！"

是可忍，孰不可忍！

但当时陈耀松什么都没说，懒得跟他们争辩，有理不在声高。他只在心里憋足一口气，暗暗发誓，不把这个公司的犯罪事实查出来，我这警察就别干了！

这话后来传到张慧副局长的耳朵里，他先是哈哈大笑，然后表情严肃地说道：“那就用事实说话，让他们看看结果吧！”

当时遇到的麻烦实在太大，但陈耀松他们一直没有放弃。那两天，陈耀松几乎没有合眼，实在太累、太累……

这次行动一方面是获取证据，尽可能找到该公司商业贿赂的证据，另一方面也是对 GSKCI 的一种震慑。

五、意外收获

抓捕行动的另一组，以五大队为主体，查封临江国际旅行社。

五大队是长沙公安机关打击商业贿赂犯罪的中坚力量。该大队于2010年1月在全国公安经侦系统率先成立重点打击商业贿赂犯罪专门机构，历经数年磨炼，积累了丰富的侦办非国家工作人员受贿案件的工作经验。大队全体侦查员年富力强，侦查、抓捕、审讯样样在行，个个都能独当一面。

时任五大队大队长朱耀红和教导员黄佳带领抓捕组民警，在上班时间赶赴上海市黄浦区中山南路865号B座2楼临江国际旅行社，依法抓捕了该旅行社工作人员朱某文等人，成功缴获了该旅行社账本、电脑等重要物证资料，为后来成功侦破整个案件奠定了坚实的基础。

教导员黄佳自行动一开始就多了个心眼儿。

高峰政委布置行动的时候，一再叮嘱要注意查找旅行社一个记账的小本子。黄佳心里就记住了这事。

指挥部安排黄佳和上海的同志前往翁某雍的岳母朱某文家实施抓捕任务。当黄佳和队友赶到的时候，朱某文和她老伴儿正推着一个大推车要出门。

黄佳发现那个老太太像要抓捕的对象，便叫住了对方。

一问，正是朱某文。

问她为什么推这么大个推车？答曰买菜。

有推这么大推车买菜的吗？

经后来进一步追问才知道，两人正是准备推此车去相距不远的公司转移账本。

黄佳继续追问："那个本子在哪儿？"

"什么本子？我可不知道什么本子。"朱某文装作什么都不知道，一脸的懵懂。

"别装了，你们的记事本。你听好了，给你个机会，拿出来，算你立功，从轻发落。你要狡辩，你自己掂量掂量，六十多岁的人了，还跟着女婿去坐牢，值不值？"黄佳晓之以理，动之以情，抓住了朱某文的七寸。

的确，她六十几岁了，真要被关进大牢蹲几年，实在划不来，还不如变被动为主动，交出来……

"可是……我……"朱某文还在犹豫。

"还犹豫什么？你女儿都说了，本子在你身上，叫你交出来争取主动。"黄佳很会"诈"，朱某文的女儿长什么样，他此时一点儿都不知道，面都没见过；且人家刚被抓获，什么都还没交代。

可有那个本子，她们母女彼此知道，把这话说出来，等于告诉朱某文她女儿不仅被抓了，还招了。

这一招，对一个六十多岁的老太太还是蛮管用的。不出三个回合，朱某文就成了黄佳的“俘虏”。

“好好，我交出来，交出来。”随即她就把随身携带的神秘本子交给了黄佳。

这是整个抓捕行动的第一枪，首战告捷。

随后，临江国际旅行社那边的抓捕行动也非常成功，预计抓捕的目标全部到位，旅行社的电子数据、文字账务等涉案财物全部缴获。

回到指挥部，朱耀红汇报行动成功，人、物悉数到案。

高峰政委自然高兴，祝贺专案民警行动成功，同时仍不忘询问：“那个本子找到了没有？”

“找到了，在朱某文身上找到的。”黄佳回答。

“很好！找到这个本子，这次行动才算真正成功。不错，加紧深挖。”高峰政委又如此这般地叮嘱了一番。

抓捕翁某雍和临江国际旅行社其他工作人员，原本是此次上海行动的主要目标，可因为案件侦破需要，陈耀松又带人搜查了GSKCI上海总部，缴获了大批涉案资料和其他物证，这却是“计划之外”的胜利。

很多事情一开始总是意想不到，或者说事态的发展总是不以人们的意志为转移。查处GSKCI是个“意外”，而随后还有一系列意外发生。

就在专案组刚刚抓捕了临江国际旅行社的某些员工，还在搜查取证的时候，上海这边的行动消息就传到了湖南长沙。

有人给在长沙的涉案人员打了一个神秘的电话，告诉那边的人，上海警方已经开始行动，临江国际旅行社已经被查封。

是谁？消息如此灵通？警察刚刚行动，他不仅知道了，还通风报了信？

专案指挥部经过缜密侦查，很快发现了一个人有通风报信的重大嫌疑，此人叫米某，山东历城人，原为 GSKCI 办公室总监，后来为 GSKCI 市场准入部——地方事务部总监。

米某经常跟政府官员打交道，官场人脉很广，可谓神通广大。上海这边警方的行动刚刚开始，他就得到了消息，便给湖南那边的同行打电话，提到了公安在上海的行动。

专案指挥部获悉米某的所作所为之后，发现此人其实也是 GSKCI 商业贿赂的涉案人员，迟早要将其抓捕的。

既然这时他自己跳了出来，专案指挥部决定立即抓捕此人。

派谁去执行抓捕任务？

经侦局上海直属二总队的指挥部里，除了高峰政委、张慧副局长等几位指挥员外，再无人可派。专案民警全都上线了。

指挥部的领导们斟酌来斟酌去，最后决定派蒋文带队去。蒋文是五大队一名普通民警，虽无职无官，却做事沉稳、牢靠，让他带两个人去抓一个米某应该绰绰有余。

蒋文这时正在临江国际旅行社参加抓捕行动。专案指挥部立即致电朱耀红，命蒋文即刻前往南京抓捕米某。

蒋文接到命令，随即便带了两个人动身。同行的一个是上海市局的，另一个是公安部经侦局上海直属二总队的。

蒋文等人到达南京后，即与南京市公安局相关部门取得联系。在他去南京的路上，专案指挥部已经通知了南京警方，让其协助寻找米某。

经过南京警方的工作，很快锁定米某所在位置。

蒋文等人到达南京时，米某正在江苏省委附近一个饭店里吃饭。

因为整个行动特殊，抓捕工作由蒋文三人实施，南京警方只负责提供米某所在的位置，不具体参与抓捕行动。

蒋文三人来到饭店，首先进行了一番侦查，确定了米某所在的包厢。

里面有三个人，除米某外，另有一男一女。

蒋文和队友进入包厢。

“我们是公安局的，有事找你。”蒋文走到米某面前，掏出自己的工作证。

行动之前，专案指挥部已经将米某的照片发到蒋文的手机上。蒋文一看就知道谁是米某。

“你们找我?”米某很紧张，看了看蒋文的工作证。

“对，请你跟我们走一趟，这是传唤证。”蒋文回答，又出示了正规的法律文书。

“你们是警察吗？哎，这个传唤证怎么是长沙的？你们长沙警察怎么跑来南京抓人？这不合法呀。”米某质疑道。显然，他想拖延时间，同时也掩饰着自己心中的害怕和紧张。

在上海也好，在南京也好，专案民警总会遇到同一个问题，就是长沙警察怎么跑到外地抓人？每一个对象都有这个质疑。

“我是公安部的，我们代表公安部在执法，请你配合。”公安部经侦局上海直属二总队的同志立刻出示了工作证。

每每看到公安部的同志出示工作证，质疑的声音便戛然而止。他们再也找不出抵赖的理由。

可米某还是没有束手就擒的意思，还在拖延时间。

“凭什么抓我？我犯什么法了？我是个遵纪守法的良民，你们为什么抓我?”他在抵赖。

“你做过什么你自己最清楚。我看过你的资料，你是研究生，受过高等教育，算是高级知识分子，我想你不会要我动武吧?”蒋文的话绵里藏针，让对方畏惧。

此时，米某对面坐着的那个男的发话了：“不要管这些，听他们的，跟他们走。”

这人是谁？为什么这么劝说米某?

此人的言谈举止，引起了蒋文的注意。

进门以来，米某一直在拖延时间，故意找碴儿，这是紧张的表现。而旁边那个男的却双手抱胸，表现镇定。

蒋文觉得这个人不太对劲儿，他怀疑这个人也是他们公司的。

蒋文便多了一个心眼儿，对双手抱胸的男子说：“麻烦你出示一下你的身份证。”

“我?”那人不解。

“对，是你！你有义务配合公安人员的调查。”蒋文说。

那人只得拿出身份证递给蒋文。

蒋文接过身份证，问：“你叫什么?”

“梁某。”那人回答。

“跟米某什么关系?”

“朋友关系。”

“请稍等。”

蒋文总觉得不对劲儿，朋友关系？怎么看上去这人像是米某的领导？

不能轻易放过此人，他想。

他是个做事稳重而又细致的人。此时，他无法确认米某旁边这个男人是什么身份，更决定不了要不要把这人也一并带回去。于是，他赶紧走出包厢，向专案指挥部报告。

一分钟后，指挥部回电话，上面做出了决定，把梁某一起带回来。

后来才知道，此人乃 GSKCI 副总裁，企业运营总经理，辽宁大连人，系 GSKCI 四大高管之一。四大高管又被称为 GSKCI 的“四驾马车”，是公司总裁马克锐的左膀右臂，也是 GSKCI 商业贿赂犯罪重要的涉案人员。

抓捕一个米某，带出一个梁某，这是一个意外收获。

梁某是专案组抓获的第一名 GSKCI 高管。

蒋文和两名同事将梁某、米某一起带离南京，带到了上海，随后押回长沙。

从这时开始，专案组正式公开查处 GSKCI 高管。

这次行动出奇地成功。后来才知道，梁某当时已经买好了第二天去海南的机票。警方的突然出现，完全打乱了他的出行计划，同时也改变了他的人生轨迹。

从这一刻起，他转换成了另一个角色——犯罪嫌疑人。

六、闪电行动

侦查员罗学安是长沙最早派来上海参与 GSKCI 商业贿赂案件侦查的警务人员。

6 月初的一天，罗学安接到支队通知，叫他和谭军前往上海出差。去干什么当时没说，只说有任务，要求他们俩直接到公安部经侦局上海直属二总队报到。

两人到达上海后，直奔二总队，接待他们的是二总队某处处长王崇青。

见面之后，王崇青处长也没说要他们干什么，只拿出两张纸，一人一张，叫两人先签好，然后再布置工作。

两人接过纸一看，是一份保密协议（承诺书）。

王处长说，按规定，参加专案人员必须保证工作期间绝对保守机密，不准泄密。

当时，两人还不知道未来要干什么，但作为警察，罗学安和谭军都非常清楚，做好保密工作是起码要求。

两人随即签下了保密协议。接着就开始工作，任务是：调查关于葛兰素史克公司涉嫌商业贿赂之事。

前期，谭军、罗学安和上海同行们天天加班，获取了 GSKCI

的销售架构、电子数据，以及纸质的一些数据。

经过二十多天的努力，他们对GSKCI海量的数据资料进行分析，厘清脉络，初步掌握了GSKCI商业贿赂的一些情况。

6月26日，公安部经侦局要求收网，长沙的同事突然赶来上海。公安部经侦局高峰政委亲自坐镇指挥，动员部署第二天的抓捕行动。收网行动从此开始。

罗学安被分到临江国际旅行社行动组。

27日，抓捕行动进展顺利，缴获临江国际旅行社一批涉案财物。

回来的路上，罗学安突然接到陈耀松副支队长的电话，叫他赶紧到葛兰素史克总部增援。

这令他十分意外。因为布置的任务是先动外围，没有计划对葛兰素史克总部行动。

事不宜迟，罗学安接到电话后，立即将缴获的临江国际旅行社的涉案财物卸到二总队，随后打的直奔GSKCI上海总部。

罗学安赶到的时候，陈耀松副支队长正和另两位民警“孤军作战”。一个硕大的工作大厅里，GSKCI员工没有一个人愿意配合。明明是中国人，明明能讲中文，却都不讲中文，一口的英语。陈耀松和两位民警实在是举步艰难。

罗学安的到来，使陈耀松如同见到了亲人，倍感亲切。

随后，二总队王崇青处长也带人赶到现场增援。

专案组的行动，就是要找到GSKCI的电脑主机、服务器，找到一切涉案的物证。可寻找行动十分艰难。

这个跨国企业，远非传统意义上的公司。按照以往的做法，要查处某公司，只需封存所有的电脑，提走主机，找到记账本，就能发现这个公司的经济问题。可 GSKCI 的办公楼里没有台式电脑，也没有发现电脑的主机。

该公司员工上班，就是用一台苹果笔记本电脑，上班的时候带来，下班的时候带走，桌上不留半点儿东西，空空如也。

找不到电脑，找不到主机，找不到服务器，这一次行动就等于失败。

陈耀松等人就一个一个询问 GSKCI 财务部门各主管，宣讲政策，晓之以理，动之以情。公司的电脑主机在哪儿？公司的财务人员是谁？

慢慢地，有人开始配合。其实大家很清楚，与警方对抗没有什么好处。警方执法，每个公民都有责任和义务支持、配合。

部分员工的配合，使整个行动有了很大的转机。一是找到了公司电脑主机的存放地点；二是其提到了一个重要的对象——金某芳，即 GSKCI 财务共享服务总监。

于是，行动组从公司拖走了两大车涉案财物，包括电脑、服务器等重要财务装备。

下一步，必须抓到金某芳！

王崇青处长和陈耀松副支队长商量，派谁去合适？

陈耀松不能离开现场。他是现场的主心骨，没了他，这里的一切行动难以继续。

王崇青最后把目光落到了罗学安身上："老罗啊，这事还得请你出马。"

"没问题，我去！"罗学安没有半点儿犹豫。

此事他责无旁贷。

王崇青当即安排上海市局两个老同志随罗学安一同前往苏州抓捕金某芳。

金某芳此时正在苏州的阳澄湖开会。罗学安做事老到，很清楚这是在外地执法，他和两个上海老同志怎么才能把人家带回来？总不能又要公安部协调，通知江苏省公安厅配合，这一路协调下去，还不知道要惊动多少人。再说协调也很慢，对抓捕工作极为不利，这种事情知道的人越少越好，最好是悄悄行动，把人从她开会的地方悄悄带走。要达到这个目的，罗学安和两个上海老同志很难解决。如遇对方故意阻碍执法，任务就很难完成，带不回来对象，去了也是白去。

所以，罗学安马上提出，还请派一名公安部的同志随同前往。王崇青处长立即安排了二总队一名年轻民警共同前往。

当罗学安等人赶到阳澄湖时，已经是晚上 10 点多了。

根据 GSKCI 员工提供的线索，金某芳正在参加公司中层部门经理会，会场设在一家四星级酒店里。

罗学安等人来到酒店总服务台，向酒店服务员出示了证件，说明来意，要到客房带走一个客人，请对方配合，并说明不准打电话通知，不能告诉任何人。

服务员做不了主，说这事要报告经理，随即叫来了经理。

罗学安再次亮明身份，公安部的同志也出示了工作证，酒店经理说，此事要请当地派出所出面，又当着警察的面给当地派出所打了电话。

此间，罗学安对公安部的同志面授机宜："跟派出所的同志说，有一个重要对象，今天晚上必须带走，其他什么都不要说。”

公安部的同志点头会意。

不久，当地派出所来了三四个警察。

公安部的同志出示证件，说明情况，告知对方这是公安部的重要对象，今晚必须带走，而且不能惊动任何人。

派出所民警没多说半句话，命令酒店全力支持。

“需要我们怎么配合？”派出所出警民警又问。

罗学安说：“请你们把金某芳所住的房间外围围起来，防止里面的人跳窗逃跑。”

随后开始行动。

“咚咚！”服务员敲门。

“谁？”里面传来女人的声音。

“服务员，线路跳闸，检查一下线路。”服务员回答。

门开了。

罗学安等人鱼贯而入。

“不许动！警察！”罗学安进门大声说道。

金某芳刚洗完澡，正准备睡觉，一看几个警察冲进来，吓得惊呆了：“你们……”

“公安部的，请跟我们走一趟。”公安部的同志出示了证件。

罗学安也跟着出示了相关法律手续。

“走吧，葛兰素史克公司涉嫌商业贿赂犯罪，请你协助我们调查。你现在什么都不要说，跟我们去上海。”罗学安边说，边给金某芳戴上了手铐。

五分钟解决问题，一切都十分顺利。

七、法务总监的尴尬

北京市朝阳区东四环中路56号楼A座，GSKCI总部法务部。

法务部总监赵某燕像往常一样，9点刚过，就准时走进她的法务部总监办公室。

她最近有点儿烦。

她感到自己这个法务总监就像一个救火队员，公司这里出了问题要找她，那里出了纠葛也要找她。北京工商局接到举报公司商业贿赂问题，她指挥下属刚刚把这个盖子捂住，郑州工商局因为公司的商业贿赂问题又给公司开出了2800万元的罚单，她又指挥人疏通各种关系，要把这事摆平，经过一番“周旋”，2800万元的罚单总算不了了之。还有上海、天津等分部，都相继接到举报，都面临麻烦。

赵某燕在法务部总监这个位置上，天天如坐针毡。她实在太累，可每当想起公司总裁马克锐对自己的信任，想起日后公司美好的发展前景，想起一百多万的年薪待遇，她又觉得再苦再累都值。

最近，她又听说审计部门在调查临江国际旅行社。临江国际旅行社会不会把他们公司的事情供出来？公司会不会有什么麻烦？作为法务部总监，她得随时做好准备，想好应对措施。

一进办公室，她没有像往常一样，倒上一杯咖啡。今天她没心情，好像有一种预感，要出什么事。

她坐在办公桌前，随手拿起一支笔，在一张 A4 打印纸上写下了几个字："临江、临江、临江……"

这两天她都在琢磨，思考如何让公司跟临江国际旅行社撇开瓜葛关系。

正在她冥思苦想不得其法的时候，有人敲门："咚咚!"

"进来!"她以为是下属来了，眼睛看也不看门口，低着头回答道。

门开处，进来的是三四个穿制服的警察，她一个也不认识。

"你们是……"赵某燕惊讶地问道。

"我们是公安局的，有事找你，赵总。"回答赵某燕的是长沙市公安局经侦支队副支队长郑志。他奉命率领一大队副大队长何谷山等人前来抓捕赵某燕。

"公安局的？找我干什么？我又没有违法犯罪。"赵某燕表面平静如水，说话从容坦荡，可心里早已惊慌。

她左手拿着的手机突然滑落在桌子上。这一细微动作，被眼尖的副大队长何谷山看得十分清楚。

"这是我们的证件。公安机关正在调查葛兰素史克涉嫌商业贿赂犯罪行为，请你跟我们去公安机关接受调查。"郑志副支队长一边把工作证和传唤证出示给赵某燕看，一边说道。

"对不起，葛兰素史克公司商业贿赂是公司的事情，你们去找公司总裁，找法人代表，跟我没有关系。"赵某燕很傲慢。

在她眼里，她根本就瞧不上眼前这几个警察。她连看都没看郑志递过来的证件，只想赶紧把这几个警察打发回去。

“放心，你们总裁我们会找，你作为公司法务部总监我们也不会放过，请你配合我们调查。”郑志耐着性子说道。

“有什么事在这里问吧，我不会跟你们去公安局，我没有触犯任何法律。”赵某燕不愿随郑志等人去公安机关。

“你……”郑志有些气愤了。看来，对这种人，多解释没用，实在不行只有强行带走。

“赵女士，你是公司的法务部总监，是法律专家，你应该知道国家的法律，作为中华人民共和国公民，你有责任和义务配合公安机关的调查。”站在一旁的副大队长何谷山向郑志使了个眼色。

他知道郑志将要采取强制手段带走眼前这个法务部总监。他想在采取强制措施之前，尽可能说服赵某燕，毕竟这个对象非同一般。

何谷山在行动之前对此人已经做了一些了解：赵某燕早年毕业于北京大学法学院，研究生毕业后，在北京某铁路法院担任副庭长，后来留学英国，在曼彻斯特大学攻读法律，学成回国进了律师事务所当律师，后来加盟 GSKCI，成为该公司法务部总监。对一个法律知识运用十分娴熟的公司高管，不到万不得已，最好还是以说服为主。

总要有人唱红脸，有人唱白脸，何谷山此时想唱一次红脸。

何谷山再三跟她解释，跟她谈法律，也跟她谈论为什么要配合公安。交谈中，何谷山了解到，对方是民法专家，对民法涉及的内容烂熟于心，站在赵某燕面前的警察谁都没有她学历高，谁都没有她知识面广。可有一点，对于刑法的掌握和了解，对于刑法的实际应用，何谷山自信不逊色于赵某燕。

何谷山表现出了极大的耐心，劝说，引用法律条文，尽可能用法律的武器来说服对方。

何谷山是个细致之人，而且很会抓住对方的心理。在交谈过程中，何谷山发现赵某燕之所以迟迟不肯配合警察，有一个重要因素，就是她的面子观念。她拉不下那张脸。她是谁？她是公司的法务部总监。她怎么能被警察从办公室带走？

何谷山干脆把话说穿，你不就是那点儿面子放不下吗？你怎么就不想想，你在这里磨蹭的时间越久，知道的人就越多，你就越没面子。你再想想，要是我们给你戴上手铐，强行把你带走，你不是更没有面子？你是想体体面面离开你们公司，还是想闹得沸沸扬扬？

“我……”这话起了作用，赵某燕犹豫了。这个警察把话说到她心坎上了，她就是顾及她这点儿面子，她想不通，她研究了几十年的法律，读了一肚子的法律书，最终竟被警察带走，这……

“给你一个台阶，不给你戴手铐。如果你愿意，我们的人先撤，我留下陪你下楼。是选择轰轰烈烈，还是选择悄悄离开，一切由你决定。”何谷山给她下了最后通牒。

赵某燕没有别的选择，唯一的选择是配合公安机关接受调查，而且是何谷山给她指明的后一条路，悄悄离去。

法务部总监第一次被警察带出了自己的办公室。只是执行任务的警察没有给她戴上手铐，算是给足了她面子。

行动成功。这一天，6 月 27 日，是上海抓捕行动的同一天。

这是 GSKCI 公司第二位落网的高管。

后来的事实证明，高层抓捕赵某燕的决策是非常正确的。解决了赵某燕，就解决了对该公司调查的最大障碍。以前工商部门对 GSKCI 查处过多次，都不彻底，每一次都被他们的危机应对公关拿下了。这一次，法务部的头儿都没了，还怎么危机公关？

警方一开始就扫除了该公司法务部对调查的阻碍，为整个侦破工作减少了许多潜在的麻烦。

八、千里押解

专案组第一次抓捕行动，北京、上海同步进行，一举成功抓获涉嫌 GSKCI 商业贿赂犯罪人员 10 人（上海 9 人，北京 1 人）。

对于侦破整个案件而言，这第一次大规模行动的圆满成功，可谓首战告捷。

行动当天，上海抓捕的对象全部羁押在公安部经侦局上海直属二总队，包括所有的涉案财物。

专案指挥部决定，第二天，由陈耀松副支队长带队，将所有涉案对象全部押解至长沙进行审讯。

没有押解的专车，也没有坐高铁，专案组通过上海公安联络，买了上海到长沙的火车票，绿皮车厢，慢车，沿途各站均停。长沙民警 13 人，加上上海经侦增援民警 6 人，共 19 名民警，押解 9 名犯罪嫌疑人，与普通乘客混坐，于 28 日早上 9 点从上海出发，赶往长沙。

陈耀松身上的担子很重，从制订抓捕方案，到现在押解对象回长沙，七十二个小时他只睡了六个小时。

在车上，他最担心的是对象逃跑，或生病。每到一站，他就布置队友如此这般死守对象。自己则第一个站到车厢门口，用他那单薄的身躯去阻止可能企图逃跑的对象。

还好，一切都还平静。这些对象不是那些杀人放火的狂徒，没有人企图负隅顽抗，更没有人萌发逃跑之意。已经被警察逮住了，他们的想法也只有一个，随公安机关怎么处置。走到这一步，已经由不得他们左右前方的路了。

陈耀松在此案侦破中，既是指挥员，又是战斗员。从北京到长沙，从长沙到上海，他参与了专案指挥部的研究决策，又深入一线直接参战，冲锋在前。没行动的时候，他要思考如何行动；行动的时候，他要思考如何获得行动的成功，如何使行动的成果最大化。

抓了翁某雍夫妇，他又马不停蹄去捣毁 GSKCI 公司上海总部。面对百般刁难的 GSKCI 员工，他毫不畏惧，毫不气馁，百折不挠，勇往直前，心中只有一个念头：为正义而战，前方就是刀山火海，他也无所畏惧。

多少艰难都走过来了。

此时，坐在车上，他在想一个问题，抓获的这些嫌疑对象怎么处置？

在支队，他既分管一线侦查破案，又分管法制工作。作为分管法制的领导，当下他最需要考虑的就是如何处置这些对象，是刑事拘留，还是采用别的强制手段？

这九名对象都是此案的重要成员。当时看似一顿乱抓，其实不然，现在看来，都是指挥部运筹帷幄，目的性很强。这些对象如果漏掉一个，都可能影响整个案件的侦破。尽管有些对象在抓捕之前并未列入抓捕名单，可抓回来一甄别，全都是重要嫌疑对象。

这些对象，现在仅仅是嫌疑人，在审讯突破之前，是不适合关进看守所的。而这些对象一下火车，就面临怎么安置的问题，也就是得有个合适的居所。

以往，长沙在打击贿赂犯罪的时候，是沿用纪委办案的做法，对国家工作人员和部分非国家工作人员违法犯罪的，实施控制性谈话。而现在的对象为非国家工作人员，非长沙本地对象，却有重大贿赂犯罪嫌疑，陈耀松觉得完全可以借用监视居住的方法，在长沙的固定住所监居这些人员，以方便审讯和调查取证。调查取证获得一定成果后，再实行刑事拘留。

琢磨来琢磨去，陈耀松觉得还是指定居所监视居住最为合适，既是强制措施，也给了对象相对自由。

正在他琢磨此事的时候，手机响了，是张慧副局长打来的电话。

真是心有灵犀。陈耀松作为主管法制工作的支队领导在琢磨这个问题，而作为“5·09”专案一线指挥员的张慧副局长，也同样在思考这个问题。这是专案组面临的最实际、最迫切需要解决的问题。

“这些对象，到长沙之后怎么处置?”张慧副局长问。

“我觉得还是指定居所监视居住比较合适。”陈耀松胸有成竹地回答。

实际上，这在执法上是一个大胆的尝试。

“说说你的理由。”张慧副局长想听听手下的意见。

“现在，涉案对象虽然抓了一批，但没有开审，办案总得有个过程，眼下刑拘为时过早。我们以前侦办贿赂案件的时候，对国家工作人员采取监视居住，事实证明是一个成功做法。我记得使用监视居住，有三种情形，其中有一种就是，有特别重大贿赂犯罪的嫌疑人可以予以指定居所居住。而本案，涉案人员都是涉嫌商业贿赂，所以目前最有效、最合法的强制措施，就是监视居住。"陈耀松谈了自己的看法。幸亏前面自己有所考虑，回答起来才有理有据。

"很好，就先按指定居所居住处理，回头我再向公安部领导汇报。"张慧副局长完全赞成陈耀松的看法。

眼下除了监视居住，还真没有更合适的强制措施能够取而代之。

安置的方案就这么确定下来。

张慧副局长随即指示专案组，在东海楼、科大某招待所设立两个监视居住办案点，这是集审讯、关押、看守生活于一身的临时指定监视居住场所。

就在千里解押的行进途中，中午时分，经高峰政委一字一句斟酌修改，长沙市公安局新闻中心通过官方微博"长沙警事"发布一条重要消息：葛兰素史克（中国）投资有限公司有关高管人员涉嫌经济犯罪，正在接受长沙市公安机关调查。

此条消息一出，即向世界公布，GSKCI 高层涉嫌经济犯罪。

具体什么犯罪没说，多少人犯罪也没说，这条消息传递出两个重要信息：其一，官方证实，GSKCI 公司高管出问题了；其二，中国首次对涉外药企违法犯罪行为展开调查，而此案的侦查机关正是长沙市公安局。

此时，长沙警方面临的压力巨大。一方面，以前没有成功案例可循；另一方面，面对的对象是全球跨国药企巨头，又是异地办案，这个案子能够顺利拿下吗?

只有迎难而上，别无他路。

6月28日傍晚7点，列车顺利抵达长沙。九名嫌疑对象即将开始他们极不愿意，但又无可奈何的监视居住生活。接下来，他们将面临公安机关的全面审讯、调查，直至案件终结。

火车站的站台上，长沙市公安局经侦支队政委李方艳、副支队长吴春青等警务人员早已等候多时。九名嫌疑对象刚刚踏上长沙的土地，就被李方艳政委、吴春青副支队长分别带离车站，乘坐专用的警务车辆来到了两个不同的监视居住点。

根据专案组安排，东海楼办案点由陈耀松副支队长全权负责。陈耀松又得马不停蹄，连轴加班，继续战斗。而科大点则由吴春青副支队长负责。此刻的吴春青，刚从海南匆匆赶回。两个月前，他父亲过世，兄妹几个为了安抚母亲，分别请假陪同母亲去海南旅游散心。刚到海南不久，吴春青就接到单位的电话，告之有大行动，让立即结束休假，赶回长沙。吴春青只得跟母亲请假，单位有事，职责所在，必须立即启程回队。母亲深明大义，全力支持儿子回去，她自己也懒得散心了，与儿子一同回了长沙。

在列车到达长沙之前，吴春青已经身着制服全副武装等待着九名嫌疑对象的到来。

也是在这一天，郑志、何谷山等押解赵某燕从北京平安抵达长沙。上海、北京两个方向的千里解押同步完成。

一场新的战斗即将开始。

九、面对质疑

GSKCI 公司部分高管相继被长沙公安机关带走调查之后，GSKCI 立即采取了应对措施。公司出面聘请了当时湖南最好的律师——邱大律师作为公司的诉讼律师，出面解决有关法律问题。

邱大律师，是湖南某律师事务所名誉主任，曾被称为“三湘刑辩第一人”。在湖南，他的确是当时最好的律师。他是中国人民大学法学博士，也是著名刑法学家，其学说核心主张“全面废除死刑”。他曾任湘潭大学某学院院长，湖南大学刑事法律科学研究中心主任，湖南大学法学院教授、博士生导师；曾创办湖南某律师事务所，任主任律师、合伙人，后来兼任湖南省律师协会刑事辩护专业委员会主任。

GSKCI 先付五十万元现金，请邱大律师出任此案诉讼律师。

邱大律师问明情况后，当即夸下海口，此官司必赢；此案长沙公安绝对搞错了，保证三天之内一定见到被抓的 GSKCI 高管，一周内带回全部被抓对象。

邱大律师夸下海口不是无凭无据，不是吹牛皮说大话，他有他的道理。

第一，在他看来，长沙公安侦办此案明显属管辖不合法。

GSKCI公司总部分别在北京、上海，跟长沙没有任何关系。长沙公安插手此案，纯属“太平洋警察”，多管闲事，既不合法又不合理。只要GSKCI依法申诉，长沙市公安局此案必败无疑。

第二，GSKCI的商业贿赂罪名根本不能成立。即使GSKCI有过商业贿赂行为，但证据无法获取。邱大律师认为，这样的案子就不成其为案子。医生吃回扣随处可见，也不是GSKCI的独家做法，贿赂罪讲究一一对应，有行贿就有受贿，长沙公安能把全国所有的医生都抓来？不可能。

所以，他敢理直气壮接这个案子，敢拍胸脯、夸海口、放狂言，断定长沙公安办案错误。所以他保证三天见人，七天了案。

他抓住的是此案的两条“软筋”。

邱大律师第一次跑来长沙市公安局，要求见他的当事人，被拒之门外。

他有点儿暴跳如雷，立即跑到市检察院、省检察院，指责长沙市公安局办案违法违规。

最初，市检也好，省检也好，并不知道公安部已经指定由长沙市公安局侦办此案，作为监督部门，他们有权利、有责任、有义务进行监督。

检察院的督侦部门跑来长沙市公安局，到法制部门了解此案情况。

但当时一切都还没来得及理顺，市局法制部门也不知道公安部指定由长沙公安侦办此案。

因此，当陈耀松副支队长第一次把相关材料送到法制部门负责人手里时，他受到了来自内部的冤枉气：“没事找事！上海的对象你们跑去抓什么抓？乱搞！”

陈耀松似乎总在扮演着受气的角色。

在上海，GSKCI 的人给他气受；回到长沙，自己的人也给他气受。

他只能如实把公安部指定管辖的事情，向法制部门报告。这种事情，自然一解释就什么问题都没了。

内部的也好，检察院的也好，还有律师，所有的质疑都是正常的，也是合理合法的，更是必要的。执法如果没有监督，是很危险的，更谈不上公正。对于此案，要做的只是解释。

检察院督侦处的同志来到市公安局，就是前来监督的。法制处的同志耐心解释，可人家不信。

案子才刚刚启动，检察院那边也没来得及沟通。市局法制处的同志看到解释不见成效，就只好把电话直接打给张慧副局长。

张慧副局长在电话里说明了情况，证实此案为公安部指定侦办，管辖没有问题，长沙公安前往上海执法也没问题，完全符合法律要求，所有的相关法律手续，随后即报检察机关。

解释到位了，监督也就到位了。

可有一个人就没那么好打发了，他就是邱大律师。他是在替 GSKCI 打官司，必然会站在 GSKCI 的立场说话。他来回跑市检、省检，对长沙公安的执法提出种种质疑。实际上，什么难听的话他都说出来了。

这个时候，专案组是承受着巨大的压力的。

一个邱大律师简直闹得满城风雨，乌烟瘴气。后来他无数次要求与他的当事人见面，却无数次被拒绝，他真的恼羞成怒了。

因为他的承诺无法兑现。他说三天见到当事人，七天把人捞回来，结果却竹篮打水一场空，什么都没兑现。

他太低估了这个案子，也太高估了自己的能力，过高肯定自己对案子的判断。实际上，一切都不是他想象得那样简单，此案一开始就有诸多特殊性，是任何一个知名律师都无法左右的。

7 月 3 日上午，湖南省公安厅经侦总队四楼会议室，“5·09”专案会议第一次在省公安厅召开。袁友方副厅长主持了会议。会上，张慧副局长介绍了案情，包括案件来源、所面临的具体问题，以及侦破进展等。

此时，专案刚刚公布不久，向外传递的只有一个信息，就是 GSKCI 涉嫌经济犯罪，什么经济犯罪没说，经济犯罪的程度怎么样更没说，这就给人们留下了无限的想象空间，也从而滋生了无尽的猜测。

这很正常，这个时候不可能有更多的东西可供透露，案子还在紧张的侦查阶段。而在公安机关内部，此时有很多具体问题亟待解决，诸如律师会见问题，监视居住的法律问题，案子本身的定性、罪名问题，等等。

这个时候，正是质疑最多的时候，也是邱大律师闹得最厉害的时候。为什么律师不能会见？为什么案件不能公开？为什么公安机关办案如此不透明？

仅仅一个邱大律师起哄不要紧，问题在于，此时案件刚刚开始侦办，还没有到检察机关那一步。

他们唯一知道的，是此案由公安部直接交办，其中的缘由、涉及各种错综复杂的关系都不清楚。在这种情况下，检察机关很有可能要立案监督。如果这样，政法机关形不成合力，还可能相互掣肘，对 GSKCI 商业贿赂犯罪的侦查是十分不利的。

鉴于此，省厅及时召开专题会议，以解决这一系列问题。

会上，公安系统法律专家经过反复论证，一致认定：其一，案件管辖没有问题，公安部交办，不存在疑问。其二，监视居住也没问题，对 GSKCI 商业贿赂涉案人员监视居住有充足的法律依据；《刑事诉讼法》规定，对于特别重大贿赂犯罪，在住所执行可能有碍侦查的，经上一级人民检察院或者公安机关批准，也可以在指定的居所执行。至于禁止律师会见，只要公布了罪名，也就可圆满解决……

时任湖南省公安厅副厅长袁友方对长沙侦办此案所作出的努力给予了充分肯定：专案组办案的方向是正确的，思路清晰，成效显著。他要求所有办案人员务必把此大案办成铁案，不能有任何瑕疵。特别是现在，稍有不慎都可能前功尽弃。至于相关法律问题，以专案组的名义，立即请示公安部。

7 月 4 日，接公安部通知，当晚凌晨 2 点，长沙市副市长兼市公安局局长李介德、副局长张慧以及赵明、朱耀红、唐赞等人乘坐最晚一趟航班前往北京。

次日 9 点，在公安部经侦局 A810 会议室召开“5 · 09”专题会议。这是专案侦办以来，由中央政法委牵头召开的第一次专案会议。

此前，根据中央领导的指示，中央政法委早已对 GSKCI 商业贿赂案件的侦破工作作出过一系列精心指导。会议听取了长沙警方的专题汇报。中央政法委对前期专案工作予以充分肯定，并对下一步工作作了全面部署，再三强调要通过临江国际旅行社打开缺口，彻底查清 GSKCI 公司在中国商业贿赂的全部犯罪事实，重拳出击，决不手软。

针对专案组提出的亟待解决的具体问题，中央政法委、公安部、最高人民检察院等部门及时予以了解决。

就在专案组向公安部提出请示的当天，公安部经侦局以最快速度作出书面答复：

湖南省公安厅经侦总队：

你总队有关“5·09”专案的请示收到，我局经过研究，答复如下：一是不批准律师会见相关犯罪嫌疑人，并依法向其说明法定原因。二是不发官方微博。三是请你总队及长沙市局支队与湖南省、长沙市两级检察机关有关部门充分沟通协调，就不批准律师会见达成一致。

特此函复。

公安部经济犯罪侦查局

2013 年 7 月 3 日

不只是律师不能会见，关于案件的管辖问题，以及办案过程中可能出现的国家工作人员违法犯罪侦查的管辖等问题，一开始公安部经侦局就为专案组扫清了障碍，理顺了关系。

2013 年 6 月 14 日，公安部经侦局以公经【2013】442 号《关于对葛兰素史克（中国）投资有限公司及有关联公司涉嫌经济犯罪问题依法立案查处的通知》明确：请长沙市公安局经侦支队对葛兰素史克（中国）投资有限公司及有关联公司涉嫌经济犯罪问题依法立案查处。这里纸写笔载指定由长沙市公安局经侦支队侦办此案，外界和包括邱大律师在内的律师对有关案件管辖的质疑，自然不攻自破。

还有，关于在侦办过程中可能涉及国家工作人员犯罪，2013年7月13日，公安部经侦局以公经【2013】540号文件标题为《关于对葛兰素史克公司及相关人员涉嫌犯罪案件有关问题征求意见的函》专门致函最高人民检察院侦查监督厅："鉴于此案存在多种涉嫌犯罪行为交织、涉案人员多、涉案金额特别巨大、涉外敏感等因素，且与检察机关管辖的犯罪密不可分，为有利查清全案，我局经认真研究认为，根据最高人民法院、最高人民检察院、公安部、国家安全部、司法部、全国人大常委会法制工作委员会《关于实施刑事诉讼法若干问题的规定》的相关规定，由公安机关为主侦查全案为宜，其中对涉及国家工作人员的贿赂犯罪案件，公安机关将严格按照《中华人民共和国刑事诉讼法》、《人民检察院刑事诉讼规则（试行）》有关规定依法进行侦查，并适时移送检察机关。"同年7月16日，最高人民检察院侦查监督厅以高检侦督函【2013】37号《关于葛兰素史克公司及相关人员涉嫌犯罪案件管辖问题的意见》明确答复。

公安部经济犯罪侦查局：

贵局《关于对葛兰素史克公司及相关人员涉嫌犯罪案件有关问题征求意见的函》（公经【2013】540号）

收悉，经研究，原则同意贵局意见，鉴于此案社会影响较大，国内外舆论高度关注，建议贵局指导办案公安机关加强与当地检察机关的沟通和协调，形成合力，并确保严格依法办案。

最高人民检察院侦查监督厅

2013 年 7 月 16 日

这一系列来自最高权力机关的公函、批复，几乎解决了此案所有法律方面悬而未决的问题。

此后不久，中央电视台等国家主流媒体对此案进行了报道。

由此，邱大律师所有的承诺自然告吹。他不仅无法见到他的当事人，更不能捞出半个涉案人员。他一开始就小看了这个案子。

他可以承接这个案子，他可以站在 GSKCI 立场上说话，也可以提出各种质疑，这是他的权利，他甚至对公安机关进行无端的指责，公安机关也未追究。但有一点，他没有明白，在国家、民族利益面前，他是不能站在国家和民族的对立面的。

也许他后来知道了，这起案件远远不是一般意义上的刑事案件，这个跨国公司的商业贿赂所产生的危害，已到了登峰造极的地步。国内药价虚高、患者受害、国家医保被奸诈的药商巧立名目予以透支……这一切邱大律师可能事先都不了解。他更不知道，这样一起跨国商业贿赂案件早已上升到民族利益、国家利益的层面。

所以，越到后来，这位著名律师的声音就越小，直至销声匿迹。

十、冰山一角

审讯突破是一项艰难的工作。

第一次抓捕行动，包括长沙前期的抓捕行动，涉案对象已经到案十多人。第一次审讯，没有一个人承认自己有过违法犯罪的行为，谁都觉得自己冤枉，谁都认为自己无辜，好像警察抓错了对象。而事实上，警方在对任何一个对象采取行动之前都已经掌握了该对象的违法犯罪线索，接下来最重要的是攻坚，是突破。

从上海的涉案对象到达长沙第一天起，张慧副局长就和专案组成员坚守在两个办案点。大到案件的侦破方向，小到审讯的某个细节，张慧副局长无不亲力亲为。

侦破方向，先拿下临江国际旅行社，拿下该旅行社的翁某雍等人。只有从临江国际旅行社打开一个缺口，才可窥见 GSKCI 商业贿赂的真实内幕。

怎么打开这个缺口？

无非从两处入手。一是从人入手，从已抓获的临江国际旅行社涉案人员入手。此次上海行动，临江国际旅行社包括老板在内共六个对象，无一漏网。从他们口中掏出 GSKCI 商业贿赂和该旅行社本身的问题，将成为整个案件一个突破口。二是从证据入手。临江国际旅行社的财务数据已经获取，业务电脑已经运回长沙，那个神秘的小本子也已到了专案组成员手中。

张慧副局长要求专案民警就从这两方面入手，寻找突破口。

专案民警兵分数路，一路查账，破译诸如那个小本子一样的数据资料，寻找临江国际旅行社帮助 GSKCI 商业贿赂以及自身存在的问题；同时，分成若干审讯攻关小组，展开凌厉攻势，审讯临江国际旅行社的涉案人员。

专案组给临江国际旅行社六名对象编了号：1 号翁某雍，2 号李某，3 号朱某文，4 号周某峰，5 号王某华，6 号方某。每个编号的对象均由专人负责。

虽然每个人第一次接受审讯都说自己没问题，都说冤枉，但却绝非铁板一块。每个人都有自己的弱点和软肋。

审讯其实就是主审和被审对象进行心理交锋的过程，彼此心里揣摩的过程。警察在分析涉案对象的心理，涉案对象也在琢磨警察的心理。他在揣摩警察到底掌握了他多少犯罪事实，掌握了他多少证据。警察如果能够把住对方的脉搏，抓住对方的软肋，成功就可能近在咫尺。

涉案对象到达长沙的第二天，东海楼办案点的各攻关组就分头攻坚，采取各个击破的战法，审讯、调查工作全面铺开。

尽管最初涉案对象有的心存幻想，有的避重就轻，有的担心害怕，但经过民警的政策攻心，反复劝说，除翁某雍仍守口如瓶之外，其他人员均有松动。

审讯有所突破，破译数据、账务和外围调查也在稳步推进。

29 日晚，张慧副局长在东海楼召开“5 · 09”专案会，各组汇报审讯、侦查情况。

李晖一组发现，犯罪嫌疑人李某龙（GSKCI处方药部肝炎事业部——HBU业务总经理）行贿55万元，梁某通过米某收10万元；

教导员黄佳一组发现，临江国际旅行社向葛兰素史克的四家客户行贿；

侦查员王铁托一组获悉，周某峰承认向医生行贿，向梁某、李某行贿10万元；

侦查员刘咏军一组已经掌握，临江国际旅行社主办会计预留资金准备行贿问题、虚开飞机票问题、每年1000万虚列团体成本套现给朱某文帮助GSKCI从事商业贿赂问题……

很显然，顺着这些线索深挖下去，必定会发现真相。

张慧副局长对东海楼办案点各组进展予以肯定，并对下一步侦查提出整体要求。一要加强材料工作，成立专门材料组，注重研判，指导破案；二要完善法律手续，拒绝律师会见；三要加强保密工作，任何人不得对外泄露案情，包括家属都不可透露半点；四是几项具体事项：整体侦查分步推进，当下重点是务必突破临江国际旅行社，由此打开缺口……

张慧副局长就每个涉案对象如何突破，提出了针对性很强的具体建议：

对1号对象，打亲情牌，从心理上击垮对方，希望他不要害了老婆、岳母，不要害了家人；害得老婆、岳母跟自己一块儿坐牢划不来。对2号对象李某宣讲政策，开导她不要害了孩子，也不要害了自己的亲生母亲。对3号对象，其年纪最大，六十多岁的人了，这把年纪因为女婿的事坐牢不值；承诺其讲清问题就可以走人，给她希望；奉劝她不要因为女婿、女儿的事坐牢，由此害了外孙。对4号对象，要使其明白，打工的不要被老板所害，不要因为自己的仗义而坐牢，划不来……如此这般，攻心为上。

这就如同开了几张药单，对不同对象用不同的方子，给什么人吃什么药。办案民警后来依此对症下药，果然“疗效显著”。

第三天，堡垒开始一点点出现裂缝。

2号对象李某态度有所转变，提到公司为陈某波（美国华平投资集团香港办事处医药产业高级顾问，2009年至2012年任GSKCI副总裁兼疫苗部总经理）在天津购房支付170万元之事，但不愿讲出详情。3号对象朱某文，狡猾，但在犹豫，警察点一点她讲一点儿，如同挤牙膏。4号周某峰，当过兵，曾为优秀侦察兵，有顾虑，处在犹豫观望之中。5号王某华，作为临江国际旅行社财务经理，掌握大量情况，他交代了部分问题：行贿资金来源全部入账，一般每周取现80万元，每月取300万元左右；其手法是虚开团队成本，套现，虚报飞机票数量、房间数量等，旅行社有移动硬盘，记载了公司真实收入；关于陈某波的170万元，按翁某雍要求，从公司账汇付天津某公司购房，此款后来归还到朱某文账上；2012年年底，GSKCI公司打入3800万元开年会。另外，据王某华介绍：曾送梁某的部门经理李某龙10万元；李某龙因此介绍梁某给翁某雍认识，梁某对翁某雍说，要把他们公司变成他的小钱柜；从2010年至2013年，梁某给了临江国际旅行社3000万元做业务，并按7%～10%的比例，收了至少210万元，可能达到300万元……

至此，GSKCI 也好，临江国际旅行社也好，其犯罪事实已经铁定，但对 GSKCI 整个商业贿赂犯罪来说，这一切都还是九牛一毛。

张慧副局长天天守在专案组，既对侦破的大方向及时把握，适时调度，协调各种关系，又不放过任何一个细节，包括审讯的细节、技巧，对侦查员予以悉心指导。每天专案组召开两次碰头会，通报进程，研究对策，使整个案件侦查往成功的方向持续推进。

拿下临江国际旅行社不是目的，目的是找到 GSKCI 商业贿赂犯罪的切入点。

各种资料显示，GSKCI 的商业贿赂问题非常突出，遍及全国，必须找个地方撕开一条口子。这条口子就是临江国际旅行社。

所以，张慧副局长一再强调，务必尽早完全突破临江国际旅行社，尤其是翁某雍。

7 月 3 日下午，4 号周某峰情绪不稳，显得有点儿暴躁。侦查员及时疏导。

随后情况便有了转机，他开始交代问题：临江国际旅行社实际结算单由业务操作人提供；公司结算单由王某华制作内部团队成本核算表，根据客户采购部报价。如葛兰素史克公司的大数据即是，还列举了罗氏等其他三家。医药公司 40 多个业务员名单，去年为他人虚开发票 90 多万元；印证了李某所做的华山医院业务。

此时，2 号李某开始低烧，喉咙化脓，不愿吃药，心跳过缓——每分钟30多次。张慧副局长立即安排请医生，再三强调要给涉案对象以人性关怀，关注他们的身体，保证足够的休息时间，等等。

3号朱某文，情绪很不稳定，血压升高。侦查员耐心做工作，稳定了她的情绪。她交代，临江国际旅行社负责送钱的人是1号翁某雍。

5号王某华交代了公司现金去向，配合审计工作……

李晖和侦查员贺文立主攻翁某雍。

翁某雍多少说出一些东西，比如，用预留款方式套取资金，送出现金80万元。其中，送GSKCI市场准入部米某10万元，送高某玮（浙江卫信生物药业有限公司销售总裁，原GSKCI疫苗部市场部流感疫苗产品组经理）30万元，送李某龙40万元……

可是，翁某雍身上疑点重重，还有大量问题只字未提。他只谈皮毛，避重就轻，看上去很讲江湖义气。事实上，他比谁都清楚，他不能讲，牵一发而动全身，他要讲出真正的事情，会有多少人跟着进来？

初到长沙，他企图守住自己的最后底线。至于一些小问题，送几十万给张三，送几十万给李四，对他来说，这不是什么大事，无伤大雅。从去年3月到现在，他已经成功应对了黄埔税务、工商，上海国税稽查、地税，及上海经侦总队、国家工商行政管理总局、审计署特派办七个部门的检查，那些部门都没能拿他怎么样。他相信，眼下他也能成功应对长沙公安的调查。

他在跟警察玩猫捉老鼠的游戏。

尽管翁某雍和他的老婆、岳母、员工交代的非常有限，但仅就其交代出来的点滴，就都疑点重重。

翁某雍为什么要给陈某波垫付 170 万元购房款？为什么要给 GSKCI 的几个部门负责人送钱？一次收下 GSKCI 拨付的 3800 万元的年会费是怎么开支的？旅行社的那个移动硬盘里面都有些什么内容？那个 U 盘里会有什么秘密？还有那个小本子，到底有多少玄机？

这一切都得进一步侦查清楚。

在攻克翁某雍这个堡垒的过程中，有一个人不能不提，他就是后来的法制科科长李晖。这一年，李晖 38 岁，从警二十年，既有丰富的法律专业知识，又有实战经验，头脑清醒，思维缜密，是公认的优秀侦查员。

李晖和贺文立负责审讯翁某雍，客观地说，他们接手的是一只烫手的芋头，蒸不烂，煮不熟。最初翁某雍什么都不说，拒绝交代任何问题。

翁某雍是整个案子的关键，是最重要的一个碉堡。这个碉堡拿下了，不仅旅行社内部的问题一目了然，GSKCI 商业贿赂的案子也就能窥见一斑。已经有资料显示，GSKCI 的商业贿赂，有相当一部分是通过临江国际旅行社来实施的。

怎么拿下？

翁某雍自己在心里早已筑起了一道厚厚的城墙。一到长沙，他就在心里反复提醒自己，不能说，千万不能说，一说他就完蛋了。

他不说，就任由他不说？这是不可能的。他不说，就得想办法撬开他的嘴，让他主动把不能说的说出来。

看上去有点儿难。

可这些难不倒李晖。

李晖干事，一是有一股韧劲儿，坚忍不拔，不达目的誓不罢休；二是他善于动脑子，做事非常仔细。

他在寻找翁某雍的软肋，他要从翁某雍最薄弱的地方打开缺口。

专案组从上海弄回了一堆旅行社的财务资料和文件。李晖这人有耐心，决定在这里面寻找点儿什么秘密。

有段时间，他扎在这堆资料里反复清查，不放过哪怕是针般大小的细节。终于，功夫不负有心人，他发现并提取了翁某雍亲笔书写做账的部分贿赂清单。

这是个重大的发现，是一颗重型炮弹。

他很惊喜，他知道凭这个完全可以击倒翁某雍。但他太了解翁某雍这个人了，你拿到一部分犯罪的证据，他会承认你掌握的证据，但他绝不会把他心里的东西和盘托出。所以，还得想办法让他主动交代，让他自己说出他的违法犯罪事实，而且要让他尽可能多说，甚至和盘托出。

李晖没有急于把他的重型炮弹拿出来。他在寻找一个契机。

想来想去，他觉得还得从一个人身上下手，这人就是翁某雍的岳母。

张慧副局长再三强调攻心的策略，李晖琢磨，最有可能先突破的就是这个“老岳母”。其了解公司的现金账，李晖和队友又从那个小本子上发现了问题，从她身上最先打开缺口，是最现实也是最有可能的事情。

根据专案指挥部的意见，考虑翁某雍一家大人都已经被抓到长沙，家里只留下双胞胎小孩，虽然已经委托人看管，但从人性化执法的角度考虑，专案组有意放翁某雍岳母回去。

可翁某雍岳母交代的问题并不彻底，李晖和贺文立决定对她再争取一次，对其动之以情，晓之以理，政策攻心。

经过两个小时的耐心做工作，最终从这个老太太身上划开了一道口子——老太太交代了她所知道的一切问题：旅行社怎么套现，怎么帮助 GSKCI 公司进行商业贿赂，怎么做账，怎么出钱，公司从中赚取多少好处……虽然这不是旅行社违法犯罪的全部，但已是相当一部分。

谈完之后，兑现政策，释放老太太。

临走之前，老太太专门去见了翁某雍，劝说翁某雍交代问题。她现身说法，说自己就是因为交代了问题，才得到了政府的宽大处理。

老太太一边号啕大哭，一边劝着女婿：“小翁，你还是说了吧。”

这一招果然有用，翁某雍当时就蒙了。

李晖和贺文立趁机展开凌厉攻势。

最终，翁某雍开口交代问题。

他参与了 GSKCI 的商业贿赂，有两条线：一条线是贿赂疾控中心，他负责付钱行贿。从 2008 年 10 月至 2011 年 9 月，GSKCI 为了提高疫苗销售量，对国内 325 个疾控中心和 1760 个疫苗接种点行贿了价值 1300 万元的物资。临江国际旅行社在这中间充当了什么角色？采购商。所有行贿的物资全由临江国际旅行社代理，旅行社从中获得10%的服务费。另一条线是贿赂工商部门工作人员，翁某雍负责套钱行贿。法务部对接工商，千真万确从临江国际旅行社套取了现金用于行贿，这就成了葛兰素史克公司贿赂的有力证据。

此外，他还交代张某维夫妇接受临江国际旅行社安排去国外旅游的问题，梁某个人接受贿赂的问题……

然而，翁某雍所交代的，仍然只是GSKCI商业贿赂的冰山一角。

十一、谭军的突破

与此同时，在科大某招待所那边，侦查员们也把待审的对象编号审理：1 号赵某燕，2 号梁某，3 号金某芳，4 号米某，5 号尹某芳，6 号廖某霞，7 号李某乙，等等。

最初，科大审讯点的对象只字不吐，拒绝回答侦查员提出的一切问题。在他们看来，他们没有任何问题，没违法，更没犯罪。

到案的第三天，赵明反馈情况，审讯工作进展不大。

1 号赵某燕什么都不说，无任何实质进展；2 号梁某，态度对抗；3 号金某芳，回避问题；4 号米某，烦躁不安。

只有 5 号尹某芳有所突破，交代了一些问题：其负责销售贺普丁，2011 年开始发授课费，先后给长沙感染科医生杨某 9. 2 万元（每月 4000 元）、陈某 4. 6 万元（每月 2000 元）、唐某鹏 16. 1 万元、张某红 6. 9 万元，先由医药代表垫付，后到 GSKCI 报销。这也是唯一的突破。

一般情况下，犯罪嫌疑人不可能今天被抓了，明天就交代出所有的问题。GSKCI 公司的涉案人员几乎都是所谓“三高”人员，即“高学历、高智商、高收入”，他们很清楚，交代问题的后果是什么，故不会轻易说出犯案的真相。

在此案的侦办过程中，专案组有一个大胆的尝试，那就是认罪、服罚、从宽。

一开始，专案组就在积极探索这种办案形式。

对于科大工作点的侦查进程，张慧副局长是有思想准备的。不能操之过急，审讯要依法办事。但审讯是有技巧的，同样一个人，张三审不开，李四一审什么都说了。这就是技巧。为什么说审讯是一门学问，这还真就是一门学问。

说得直白一点儿，就是怎么撬开涉案对象的那张嘴巴；说得文雅一点儿，就是如何开启涉案对象心灵的窗户。这值得办案民警认真研究。

张慧副局长给侦查员们也开了几副药方，即因人而异，什么钥匙开什么锁。

对于赵某燕，你不是法律权威吗？对法律问题可能没人比你理解得更全面、更深刻，但奉劝你一点，可不要做法律的盗贼，不要做法律的破坏者。对于米某，这人年轻，脾气暴躁，你可以有意挑起他暴躁的脾气，但绝不能动手，严禁刑讯逼供；要摸清他的家底，既打又拉，寻找击垮对方的子弹。比如，听说米某叔叔是某市常务副市长，这或许也是子弹，可不能给你叔叔抹黑；拒不交代既要为 GSKCI 坐牢，也要为自己的问题坐牢。对于梁某，要打垮其个人意志，逼其讲出 GSKCI 的问题……

如此这般，面授机宜。

侦查员们心领神会，纷纷使出“绝招”，向堡垒发起艰难进攻。

在突破 GSKCI 高管审讯中，一大队副大队长谭军做了有益探索，第一个拿下梁某，为揭开 GSKCI 商业贿赂犯罪之谜，添上了浓墨重彩的一笔。

谭军这一年 45 岁，正值壮年，年富力强；从警 27 年，干经侦 15 年，学的是法律专业，一直在侦查一线摸爬滚打；一向敢打敢拼，敢啃硬骨头，敢打硬仗，哪里有大案要案，哪里就有他的身影，人称“老黄牛”。

近年来，他侦破的经济案件可谓硕果累累：

2011 年，在公安部组织的“清网”行动中，他不畏艰难，三下怀化山区蹲点守候，将隐姓埋名长达八年之久的犯罪嫌疑人钟某某抓获归案。

2012 年，在全国公安机关组织开展的“破案会战”中，他带队侦破了公安部督办的“长沙蓝韵广告公司商业贿赂案”，并深挖破案 26 起，抓获犯罪嫌疑人 30 余名，追缴非法所得 1300 多万元。该案成为当年全国经侦部门打击商业贿赂发动集群战役的重特大案件。

2013 年 3 月，他带队破获公安部督办的吴某洲特大假冒注册商标案。凭借该案线索，公安部统一指挥调度广东、湖南、河南、山东等地公安机关发起打击假冒注册商标案的集群战役，共立案 8 起，破案 7 起，抓获犯罪嫌疑人 40 名，打掉生产团伙 3 个，销售团伙 4 个，摧毁制假生产、销售、仓储窝点共计 9 个，生产线 3 条，涉案价值达 2200 万元。该案被评为 2013 年度“湖南经侦部门十大精品案例”之一……

2013 年 6 月，公安部指定由长沙市公安局经侦支队侦办葛兰素史克（中国）投资有限公司经济犯罪案。在长沙尚未正式接手此案时，谭军和队友罗学安作为“专家”，最早被派往上海“打头阵”，在公安部经侦局直接领导下，开展该案前期调查工作。

他们刚拿到公安部交下来的第一份调查资料，就一下子蒙了——这是一个数据库，包含了该企业在中国的总公司和 30 多家分公司五年来的数据。哪怕只看一遍，两个人估计都得花两个月，更何况还要从这些“合法”的数据中找到非法证据。

经过分析，谭军决定从该企业在长沙的办事处数据切入调查。

他一方面加班加点对比海量数据，另一方面与长沙的同事联络核查，最后发现了该公司在长沙的业务员尹某芳的犯罪线索。

“她每个月的业务开支有四五十万元，名目都是培训费、研讨费和讲课费。但我们到相应地点去查，发现根本没办过培训讲课。其实，那些业务款都是行贿款。”谭军、罗学安两人顺藤摸瓜，“拎”出来的犯罪网络越来越大。

该案要求高、线索少、时间紧，谭军和罗学安在上海期间不分白天黑夜加班加点，在海量的涉案对象数据库中排查、比对线索，仅用两周时间，就将涉嫌犯罪单位的主要负责成员、办公场所、全国销售网络名单、行贿资金走向等重要线索摸排清楚，为公安部调度指挥展开全国统一收网行动打下坚实基础。

参与第一次抓捕行动之后，谭军随队羁押涉案对象回到长沙，随即投入紧张艰难的审讯工作。

谭军负责审讯的涉案对象是 GSKCI 四大高管之一的梁某。

在各类犯罪嫌疑人当中，经济犯罪领域的犯罪嫌疑人是典型的“三高”对象，要摁住他们的“七寸”，就要求警察除了熟知预审专业知识外，还要懂得相关心理学知识。

而谭军正是这方面的行家里手，每碰到一个新领域的案件，他都会主动学透吃透，然后与嫌犯博弈。为了从专业的知识中找出证据，并从专家的角度抓住嫌犯的弱点，谭军主动参加相关培训班，自学各类经济知识，有时还把受害单位的工作人员当老师，让其讲述相关领域的核心知识，探讨可能发生的犯罪行为。

不只是梁某，几乎所有被抓获的 GSKCI 涉案人员都一样，一开始他们往往很轻视警察，觉得警察抓不到他们的把柄。但他们没有想到遇上了一个凡事爱琢磨的警察谭军。

国内公司报账会直接报，GSKCI 则极其隐蔽，仅从账面上很难找出问题。

报账是怎么处理的？哪些地方可以体现出来？回扣只能从上一级提出来，采用讲课费等形式，隐藏很深。

以前从来没有办过跨国药企的案子，没有任何经验可循，审讯梁某从哪里入手？怎么突破这个人？

梁某在国内有做销售的经验，你要他交代，他就跟你讲专业的东西，讲哪个药品好，国内生产不出这样的药，英国的药怎么好，他们怎么推广，往英国人脸上贴金，回避他们药品销售的弊端。

他的嚣张气焰，不是用脸色表现出来的，而是在欺负办案民警不懂药企知识，拿他没有办法。

谭军看透了对方的心理，知道他这是在心底里较劲。

怎么把他的嚣张气焰打下去？怎么才能把他拉进我们的思路

中来？谭军很是动了一番脑筋，花了一番心思。

正好谭军家有个亲戚是做药品销售的，他就利用业余时间，在不暴露案情的情况下请教亲戚，了解这方面的知识，以及中间的套路。销售是什么模式？怎么行贿？怎么掩盖？将行内的规矩摸得一清二楚。

同时，为更好掌握GSKCI公司电脑中可能隐藏的相关数据，他恶补英语，请教英语专业的学生。这些学生翻译英语水平比谭军高，但不知道哪些东西有用，哪些东西没用。而有用没用谭军清楚啊。慢慢地，他摸出了一些门道。

“干经侦工作，既费体力又费脑力。”经侦民警都有这个感受。而谭军既不怕费体力，又不怕耗脑力，真像人们说的，像头“老黄牛”。

“他们之所以敢这样扛着，是因为他们认定，我们对这一行一无所知。”谭军深切意识到自己的对手正是看准了侦查员这一弱点。

他边审边学边突破，积累专业知识，既要摸清销售套路，又得稍微懂点儿英语，至少GSKCI公司在中国销售的主要药品的英文名字能脱口而出。有了这些积淀，他再跟涉案对象谈，他们就不敢把他当猴耍了。

渐渐地，梁某发现主审他的民警真不是个外行，对药品销售行内知识的了解比他想象的要丰富，且对于一般药品的销售模式烂熟于胸。

正在这时，东海楼办案点那边传来好消息，临江国际旅行社有人交代了如何向梁某行贿以扩大业务的有关犯罪情况。谭军这边的审讯便更有底气了。

经过进一步政策攻心，梁某开始交代他自己如何受贿，如何接受别人的钱财，简直是个嗜财如命的大坏蛋。

那一阵子，谭军心里不知有多高兴，心想这个堡垒总算攻下了，GSKCI 一个高管总算愿意交代问题了，这是突破呀。

但他交代的问题是要一一印证的。

谭军立即把梁某交代的问题进行核对，一查，根本不是那回事。梁某交代的，都是一些虚假的东西，夸大自己的犯罪，却没有谈一点儿 GSKCI 商业贿赂的问题。用长沙话说，这人在打乱讲，是企图用夸大虚构自己的罪行来掩盖公司的犯罪。

谭军很生气，心里在骂，梁某！你还骗老子，看老子怎么收拾你！

谭军再找他谈，上来就直接问道："你什么意思？"

"我什么意思？您这话是……"梁某装迷糊。

"你跟我讲的哪一件是事实？"谭军虎着脸，怒目以对。

"哪一件不是事实？"梁某继续装，还以为审他的警察在诈他。

"你给我听好，小子，你看你交代的哪一件事是真的，我算给你听。"

谭军虽然气愤，但还是要以理服人，就跟梁某一件一件数着，把他交代的东西全顶了回去，没一件是真实的。

梁某傻眼了，怎么一下子就被他戳穿了？

"我知道你的用意，你在扰乱我们的视线，你在抽胡说、打乱讲，好，我可以不跟你计较，我可以原谅你。"谭军顿了顿，继续道，“这样，今天我就不审讯你了。你今天也别把我当警察，我也不把你当犯罪嫌疑人。咱们都是中国人，放下一切束缚，说几句心里话，行啵？”谭军已经静下心来了，不再动怒，还真是想跟他谈谈心。

“嗯，好，我听您的。”梁某心里有些震动。刚才还大发雷霆的警察，现在居然又要跟自己谈心，那就听他怎么谈吧。

“你知道你在干什么吗？”

“我在干什么？我在跟英国人买药，可我没有卖一粒假药，我在帮我们国家的患者解除痛苦，我真的没做错什么。”

“你不要混淆概念，我没有说你卖假药，你帮英国人买药也没错，但你在帮英国人坑害中国人你知道吗？”

“我帮英国人坑害中国人？没有啊，这个帽子可不能乱扣。”

“我没有给你乱扣帽子，我说的都是实情。你看看你们卖的贺普丁，就以 2012 年 5 月出厂价为例，在中国，你们的出厂价是 142 元一盒，市场上卖到 200 多元；而韩国出厂价是 18，加拿大是 25. 19，法国是 28. 68，英国是 29. 84，德国是 39. 95，日本是 51. 19，还要我举例子给你听吗？啊？你自己看看，同样是一盒药，你们在中国卖，比别的国家价格最多高出 8 倍，最少也高出 2 倍，你们这是在真心帮中国患者吗？”

“啊？!”梁某震惊了。

他万万没有想到，眼前的这个警察居然掌握了这么多情况，这一切，只有他们这些公司高管才清楚的内幕，看来警察都掌握了。

他知道再蒙是蒙不过去的，他心里有些害怕，碰上这样一个警察，他还能逃脱吗？

“你就是个浑蛋！你们天天在帮着英国商人坑害中国患者，你知不知道，多少中国患者为了买你们的特效药倾家荡产？药价虚高，一盒药在中国比别的国家高出几倍的价钱，始作俑者就是你们这些卖药的！你还美其名曰你是在帮中国患者，你们是在坑害中国患者，坑害自己的同胞！”

梁某什么都没的说了，额上冒出豆大的汗珠。

“你还为你们做的事情感到心安理得，你问问你自己，还有一点点中华民族的意识没有？帮助英国人来坑害自己的同胞，你的良心都到哪儿去了？还跨国药企的高管，还所谓的精英，良心都被狗吃了！我都替你害臊！”谭军说着说着就激动起来，声音也有些高了。

梁某不知道再说什么好，他无法申辩。

他突然感觉心里很难受。眼前这个警察的几句话，已经捅到他的心窝上了，像针尖一样句句扎在他心坎上。

这一次的谈话就这样结束了。谭军把他的审讯对象“臭骂”一顿后愤然而去。

接下来，谭军有一两天没有理睬他的审讯对象。这是审讯策略，晾一下对方，正是为了下一次审讯的成功。

果然有效果，梁某主动要求见谭军队长。随后，他非常诚恳地交代了 GSKCI 公司采取各种手段向医药领域的医院、医生行贿的全部犯罪事实。这为后来侦查该公司在全部药品销售过程中有组织、有目的的单位行贿犯罪提供了有力的证据支撑。

看来，对付这样顽固的对象还是要攻心。GSKCI 的医药代表也好，高管也好，都是中国人，重要的是激发他们的民族自尊心。

以前，全国有30多个省市接到过报案，可GSKCI专门成立了危机公关机构进行公关。为什么上海查不下来？为什么北京也查不出来？为什么郑州还是查不下来？都是被他们的危机公关部门攻下来的。

危机公关就是梁某牵头的。梁某曾经攻下无数个堡垒。今天，他却被别人攻下来了，被他们没放在眼里的警察攻下来了。

进口药为什么会那么贵？自己到底是中国人还是外国人？梁某他们这些卖药的已经迷茫了。为什么他们那么疯狂行贿？那么疯狂销售？把药价弄得那么高？药价居高不下的背后推手究竟是谁？难道他们这些为了实施马克锐“销售为王”的销售理念疯狂推行商业贿赂的GSKCI各级销售人员能够独善其身？警察为什么要查他们？如果不查处会有什么后果？

谭警官的一席话，深深刺痛了梁某。他被中华民族的情感感化了。

梁某介绍，公司内部有很多相互牵制的机构，如法务部、医学部、合规部等，这些都是监督部门。但由于公司经营理念的变化，即销量第一，这些部门的奖金、升迁都跟经营的成果挂钩，所有的部门都是给销售部作支撑。而对于买假发票套现行贿，公司发现后，会全部认定为员工个人违反财务制度，予以警告或者开除了事。

梁某说，后来就有被开除的人反过来跟公司打官司的，说这个钱是花给医生了。应该说这种事高层管理人员都知道，但在这种情况下，他们把这些事情掩盖了，只说这是个人的贪污行为。

……

梁某交代了，把什么都说出来了。

但后来谭军发现，梁某仍在有意夸大自己的问题，把所有责任都往自己身上揽。

谭军于是又耐心跟他交流，说："你这又何必？你把问题都往自己身上揽，势必就会加重对你的处罚。你将要承担并非你要承担的法律责任，这对你是不公平的，也是在浪费司法资源。再说，如果我们办出冤假错案来，就算我们立了功，我们心里好受吗？"

一番肺腑之言，梁某真的被感动了。

最终，他彻底端正了自己的思想，发誓一定全力配合警察查处 GSKCI 所有商业贿赂的问题。

一个重要的堡垒终于攻下了。

随后，谭军发扬连续作战的作风，和队友继续奋战，先后拿下了 GSKCI 另一高管黄某（女，福建霞浦人，GSKCI 企业运营部总经理）以及重要涉案人员米某等人，为全案的成功侦破立下汗马功劳。

十二、抓捕进行时

随着案件侦破不断向前推进，经过侦查员们的审讯深挖，一批又一批涉案对象浮出水面。尤其是一些 GSKCI 中、高级涉案人员，专案组已经掌握了他们不少犯罪事实。

专案组决定，对一些重要的涉案人员立即予以抓捕。

7 月 9 日下午 4 点，经侦支队 5 楼会议室，专案组选派 19 名精兵强将集结，进行战前动员。

10 日上午最早一个航班，侦查员从长沙黄花机场出发，前往上海执行第二次抓捕任务。上午 10 点 10 分，抓捕组抵达公安部经侦局上海直属二总队，与部经侦局，上海经侦总队、网技总队会合，分七个行动组，对九名涉案重点对象实施抓捕。

公安部经侦局高峰政委已于两天前抵达长沙，在省公安厅主持召开公安部专案会议，向湖南省公安厅通报“5・09”专案侦破情况，布置后段侦查工作。

会上，高峰政委命令上海经侦总队查处六家其他涉案旅行社，其侦查模式完全按长沙查办临江国际旅行社模式办理。

随后，高峰政委立即飞往上海，坐镇指挥第二次抓捕行动。

下午 2 点 20 分，由邓大平副支队长带队，抓捕行动开始。

七个行动小组事先锁定目标对象，指挥部一声令下，行动小组如离弦之箭，准确射中目标，弹无虚发，一网打尽，成功抓获GSKCI的2号人物张某维（男，北京人，研究生文化，GSKCI副总裁兼人力资源部总监，公司董事会董事）、黄某（女）等九名犯罪嫌疑人，当晚羁押在上海经侦总队执法办案区域。

11日下午5点05分，邓大平副支队长率领17名民警解押九名对象乘火车赶往长沙，于12日上午9点平安抵达。

此次抓捕行动成功之后，中央政法委、公安部有关方面负责同志前往上海，于当晚22点40分在上海市公安局网技总队会议室召开“5·09”专案会议，听取专案汇报。

根据上级有关部门指示，决定派出中央媒体赴长沙采访，制作专题片，以公安部名义发布GSKCI案件新闻通稿。

11日上午11点21分，公安部新闻中心授权发布GSKCI案件新闻通稿，正式以公安部名义发布此案。晚上7点，中央电视台《新闻联播》播出新闻通稿。

13日，新华社、人民日报、中央电视台、中央人民广播电台、人民公安报、京华报六家中央媒体抵达长沙采访。15日，从早上开始，中央各大媒体滚动播出GSKCI商业贿赂案件侦办情况。晚上7点，中央电视台再度播出中国公安机关查处GSKCI商业贿赂案件报道。

至此，GSKCI商业贿赂案件赫然公布于世。

专案组的抓捕工作仍在继续。

7月22日上午，教导员唐赞正在公安部瑞安宾馆参加公安部召开的“5·09”专案会议。会议进行中，经侦局领导突然接到北京市公安局经侦总队急电，发现犯罪嫌疑人王某浩（男，北京人，GSKCI 的 HBU 北中国区销售总监）正在家中。

此时正是抓捕的最佳时期，北京市公安局经侦总队请求部里急派长沙专案组成员参与抓捕行动。显然，这个时候从长沙调派专案组成员来京行动已经来不及，而此时在北京参加专案会议的只有长沙经侦支队支队长和唐赞两人，这边开会重要，支队长无法抽身，任务便落在唐赞身上。

唐赞接到命令，立即动身赶往北京经侦总队，和北京经侦战友于当天中午 12 点赶到王某浩家。

见到警察，王某浩并未紧张，反应冷静，似乎早已知道这一天迟早要来。

抓捕进展十分顺利。行动组随即将王某浩带至北京经侦总队执法办案区域。下午 3 点多，长沙专案组成员李晖、何谷山和罗学安赶到北京，将其押回长沙。

7 月 25 日，根据专案组部署，邓大平副支队长率领 13 名专案民警从长沙飞往上海，执行第三次大规模抓捕任务——“7·25”行动。

上午 11 点，公安部经侦局上海直属二总队会议室，行动前动员会，由高峰政委亲自主持，明确任务，布置行动方案。

下午 2 点，各抓捕小组出发，根据事前早已侦查的方位，准时到达目标位置。指挥部一声令下，各行动小组迅速出击，成功抓获钱某（女，浙江省鄞县人，GSKCI 人力资源部内部沟通助理经理）等四人，于次日将其押回长沙。

8 月 2 日，上海网技总队发现犯罪嫌疑人施某敏（女，上海人，GSKCI 区域人才、领导力和组织发展总监，张某维被抓后兼任 GSKCI 人力资源部负责人）等人。根据专案指挥部指示，上海网技总队组织行动，分别抓获施某敏等三名犯罪嫌疑人，次日由长沙专案组乘飞机将其三人接回长沙。

随后，专案组根据案情发展，又先后零星抓获一些涉案人员。

自立案以来，经过四次集中抓捕行动和若干小行动，先后抓获涉案人员 55 人，主要涉案对象悉数抓捕到案。

大批犯罪嫌疑人的到案，为整个案件的突破奠定了坚实的基础。

侦破工作在稳步、有序向前推进。

十三、赶“鸭子”上架

第二次上海抓捕行动获得成功之后，上级组织了中央媒体采访此案。当时，支队领导决定派五大队大队长朱耀红接受采访。

朱耀红先后两次参加上海抓捕行动，带领五大队民警攻坚克难，为专案的侦破做出过巨大努力，是专案侦查的中坚骨干，又熟悉案情，派朱耀红接受采访自然是适合人选。

可这对朱耀红来说，却是个天大的难事。朱大队长是那种干实事不善言谈的基层领导，你要说如何侦查破案，如何把犯罪嫌疑人抓到手，他内行，指挥行动他毫不含糊，可要他接受记者采访，还真是个难事，这不是他的强项。

领导说，没事，你能行。

没办法，他只得硬着头皮上，实在有点儿像“赶鸭子上架”。

他生平第一次接受了记者的采访，用他带有浓重双峰口音的很不标准的普通话，回答了记者提出的问题。结果新闻效果还不错，用长沙话说，没有筐瓢（长沙土话，意即没把事情搞砸）。

这事就算过来了，他也算完成了一桩差事。

7 月 14 日晚，朱耀红突然接到公安部经侦局高峰政委打来的电话，叫他明天坐第一班飞机赶到北京去，不得有误。

朱耀红问，具体什么任务？

高峰政委说，准备接受中央电视台的采访。

当时朱耀红还以为高政委在开玩笑。他认为，怎么也轮不到他去北京接受采访。

高政委说，千真万确，军中无戏言，做好准备，接受采访。

朱耀红还是千方百计想把这事推掉。他心里没底，一方面担心自己说不好；另一方面，心慌。这是中央媒体，在这样的大庭广众之下，他心里确实慌。

他就跟高政委说，我不行，我怕完不成任务。

高峰政委说，没关系，实事求是讲就行。

领导确定了，没办法，只好执行。

这事“闹”大了。在长沙勉强回答几句记者的采访，他都已经勉为其难，这下好了，还要去北京，接受中央电视台的采访。

“我是这块料吗？”朱耀红在心里问自己。

他真不想干这份差事。按道理，接受这样的采访怎么也要提早酝酿一下，可这事来得太突然了，什么都来不及准备，能不能恰如其分说出一点儿东西来，他心里实在没底，只有一个感觉，这事太难。

可实在无奈，此事由不得他，高峰政委的电话就是命令。服从命令是警察的职责，他只得接受，再一次“赶鸭子上架”。

第二天，朱耀红乘第一个航班前往北京，于上午赶到了公安部。

朱耀红问经侦局的同志，采访什么内容？用什么方式采访？

怎么接受采访？

经侦局的同志说，别急，朱大队，您还是先把头发弄一弄，您这头发有点儿乱。咱们上央视，怎么也得把气势拿出来。

朱耀红照镜子一看，自己的头发的确太乱，还有不少白头发。

高峰政委说，部里面我们有自己的理发店，理个发吧，形象也改变一下。

朱耀红这才觉得，是该注意一下形象了，要上央视了，还胡子拉碴、一头白发，实在有损警察形象，就赶紧去理了个发。

到了下午2点多，部新闻中心接到通知，是电话采访，《新闻1+1》栏目。

朱耀红感觉实在太仓促了，一切都非常突然，他没有任何准备。主持人会提什么问题？应该怎么回答？这可是全国直播，要是有时间，最好把一些问题列出来，再演练演练，可能会更好。可现在来不及组织演练了，只能现场发挥了。

听说是电话采访，朱耀红就说，我的手机怕效果不好，担心会断线，到时就麻烦了。全国直播，断线了就是事故。是不是换一个好一点儿的手机？不用我自己的手机，最好用北京本地电话，效果会好些。

可电视台那边回话说，不行，一定要用你自己的手机，这样才真实。

等待采访的那个时间真的难熬。尽管部经侦局于群处长整天陪同他在一起，朱耀红还是如坐针毡。

晚上9点半，节目开始直播。开播的时候，主持人助理打来电话告诉朱耀红，马上连线了。

助理说，我跟你强调三点。第一点，你与主持人通话的时候只能说主持人好，不要说其他的。大概是担心朱耀红也是主持人的粉丝，怕他套近乎。

朱耀红说，好，照办。那第二条呢？

对方说，回答每一个问题的时间，只有一分钟，不能多说。

第三点，助理嘱咐，说话语速不能太慢。

刚说完，采访开始了。

主持人提了三个问题。朱耀红回答时，主持人说，你的湖南口音蛮重。

从这次采访可见，这个案子当时的影响力之大，社会关注度之高。

下面即是央视 2013 年 7 月 15 日《新闻 1+1》的文字实录。

标题为：《葛兰素史克行贿并非因在中国入乡随俗——外企有“病”？法律给“药”》

主持人：你好观众朋友，欢迎收看正在直播的《新闻 1+1》。几天以来，世界著名的跨国制药企业葛兰素史克在中国商业贿赂的这个事情不断地在发酵。葛兰素史克（中国）投资有限公司在中国的四名高管被称为“四驾马车”，伙同一个旅行社大肆洗钱，一方面自己私人占有，另一方面向政府官员、医生、医院，包括一些基金会来行贿。就在我们节目播出前不久，葛兰素史克公司针对此事发表了声明，我挑重点给大家通报一下。

“葛兰素史克支持中国政府根除腐败的决心，上述调查中所发现的问题令人羞愧，我们对所发生的事情深表歉意，我们将全力配合相关政府部门对最新披露的情况的调查，我们将根据调查所作出的结论采取一切必要的行动。同时，我们也正采取一系列紧急措施，我们正重新审查与所有第三方代理的合作，并已立即停止使用本次调查所涉旅行社的服务，同时全面检查所有与旅行社相关的历史合作记录。我们还将认真审查我们在中国的合规工作流程。葛兰素史克高度重视中国的法律法规，并要求所有员工严格遵守。”

这个声明是在我们节目播出前一个多小时发布出来的。

那么在过去的这些日子里，它为什么没有遵循中国的法律呢？让我们回到这个案件本身。

（播放短片）

解说：在过去的几年中，GSKCI 在中国持续高速发展，2012 年，中国香港区处方药及疫苗销售金额高达 76.6 亿元人民币，增长率 17%。

当我们再看这则葛兰素史克（中国）公司强调在华高速发展的宣传片，似乎多了份反讽的意味。过去几天，这家世界制药业巨擘刚刚爆出为了打开在华药品销售渠道和提高药品售价等目的大肆行贿的丑闻。葛兰素史克（中国）公司更是有四位高管涉嫌商业贿赂，被采取刑事强制措施，其中就包括在葛兰素史克中国宣传片中强调过公司超速发展的副总裁兼人力资源部总监张某维。

（播放葛兰素史克（中国）公司宣传片。张某维，副总裁、区域人力资源总监、中国香港区：首先 Growth 就是成长，我想这是一个硬道理，在中国的业务都高速发展的时候，我们必须能够跟上并且超过这样的发展速度。）

解说：如今，可能很多人都要对张某维的愿景打上问号，他所说的公司超速发展，到底是以什么样的途径实现的？

除了张某维，此次涉案的葛兰素史克中国高管，还包括副总裁兼企业运营总经理梁某、法务部总监赵某燕、商业发展事业企业运营总经理黄某（女）三人。他们曾经被称为葛兰素史克中国的“四驾马车”，但是如今“四驾马车”已遭遇集体翻车。这四人当中，与本案关系最紧密的，当数葛兰素史克（中国）公司副总裁兼企业运营总经理梁某。

梁某，49 岁，2010 年从另一家全球性药企罗氏制药跳槽到 GSKCI，年薪上百万，作为公司市场推广的主要负责人之一，每年他所管辖的部门预算达到数亿元。其中，仅他可直接支配的会议经费就高达上千万元。而包括梁某在内的葛兰素史克中国涉案高管，除涉嫌通过旅行社进行商业贿赂，还被查明利用职务之便，从旅行社提取会议业务回扣，接受项目好处费，以大肆收受贿赂。而所有这些巨额的费用，最后都被转嫁到药价当中，埋单的就是那些用药的患者。

（声音来源：梁某。这个运营成本占到药价里面，大概有 20%~30%，开任何会议、做任何事都要有成本，这些都应该在药价里面。这个部分药价如果降下来的话，可能惠及更多的老百姓。）

主持人：葛兰素史克（中国）投资有限公司为什么要商业贿赂？为什么要去行贿？其实目的很简单，两个，第一是打开药品的销售渠道，从企业的角度来说，当然有这样的欲望。第二个就非常让人觉得可气了，因为是提高药品售价，这里头既有它的运营费用增加，更重要的一点，是我们为它来埋单，也就是说，人家在那儿行贿，受贿的人也拿到了自己想得到的钱，但是其实真正掏钱的是患者。

这个事情之所以东窗事发，不像有些人说的那样，是一种内部的竞争，或者同行的竞争，然后爆料，等等，是公安部门发现，哟，有一家旅行社够神的，打成立了之后，它的金额变动巨大，由最初的几百万，迅速地变成了几亿的营业额，这背后有什么样的奥妙？因此公安部在统一指导的情况下，就把这个案件交给了长沙警方，一方面来说，长沙警方有这方面的经验，另一方面异地办案可以突破很多的障碍，于是跟上海等警方来进行合作。

接下来，我们就要连线一位当事人，他是湖南省长沙市公安局经侦支队的大队长朱耀红。朱队长您好，辛苦。

朱耀红：主持人好！

主持人：首先我们关注的一点是，现在这个案件已经办到了哪一步？是否所有的证据我们都已经掌握了？

朱耀红：……我们公安机关只是初步查明，由于办案的时间不长，GSKCI 公司为了打入我们中国市场，打开药品销售渠道，提高药品的价格，以及逃避监管部门的查处，为了达到这些目的，就以相关的旅行社为平台，以整体销售团队为网络，然后进行大肆的商业贿赂犯罪活动，这方面的事情我们基本上已经掌握了情况。

同时我们还发现，GSKCI 公司还涉嫌私印发票等其他的问题，以及违反药品管理法规，违法生产销售药品等一些违法犯罪的事实。当然了，这起案件我们现在正在全力以赴地侦办，加上不断地搜集，我们也获得了大量的证据材料，GSKCI 公司相关的犯罪事实不断地浮出水面，工作都在开展当中。

主持人：在侦办的过程当中，是突破旅行社这方面的人员更容易，还是突破葛兰素史克中方的所谓“四驾马车”这个方面更容易？

朱耀红：这个案件的侦办过程……早在今年年初公安部就部署了，有关部门协助发现了上海临江国际旅行社有重大的经济犯罪的嫌疑，随后我们就展开了调查，大致就是这个样子。

主持人：在整个办这个案子的过程中，大家能够感受到，你们行动之前准备了很长时间，但是从行动到现在，其实时间很短，从 6 月底到现在。那么在办案的过程中，你觉得最难的是什么，或者说你印象最深刻的是什么？

朱耀红：……这个案子我们觉得有几个特点，GSKCI 公司，它在中国的时间跨度很长，涉及的领域、地域之广，涉及的人员这么多，涉及的金额这么大，而且犯罪的形式很多样化，这个是我这么多年所没有遇到过的。就本案来讲，GSKCI 公司跟旅行社结成了一种非常紧密的犯罪伙伴关系，就是旅行社按照 GSKCI 公司有关高管的指令，开始非法套取大量的资金，把这些资金交给 GSKCI 公司的有关人员。我们看了一下，它的行贿主要有以下几个方面：第一方面就是有关的政府部门官员，特别是与药品监管有关的这些部门，每一级的政府和相关部门都有他们行贿的影子。第二方面就是与医药和医疗有关的一些经费、研究费以及相关的方面。第三方面就是这里边的医院、医生。也就是这个医药审批销售的各个环节，都存在商业贿赂的行为。不只是 GSKCI

公司有这个行为，我们还发现这个旅行社既要帮助 GSKCI 公司实施这个行贿行为，另一方面，它为了维护自己与 GSKCI 公司稳定的合作关系，它自己也利用一个方式，帮助 GSKCI 公司高管行贿，这样的情况比较严重。

主持人：好，非常感谢朱队长给我们带来的相关介绍，你们辛苦了，谢谢。朱队长的讲述有一些湖南的口音，综述一下，首先一开始的时候，不仅仅是商业贿赂，还有比如说违法去开发票，包括违法去销售药品，等等。后来他又总结，像这样一个结成紧密伙伴的关系来完成商业贿赂，而且是与药有关的链条都联结在一起，数额这么大，真是很少见。是的，我们也感到非常惊讶。其实我们都是潜在的受害者，甚至是直接的埋单者，因为谁都可能成为患者。接下来，我们就来关注一个他们这样的链条。

办案民警：企业是一家涉外企业，如果工作人员进行商业贿赂犯罪活动，在我国将会受到法律的打击，同时还会受到其母公司所在国家的严厉制裁。因此，他们就为了逃避打击，通过旅行社非法套现。

（播放短片）

解说：葛兰素史克（中国）投资有限公司，一家医药领域的巨头；临江国际旅行社，一个名不见经传的小旅行社。按理说它们之间很难有任何联系，但是为了达到洗钱行贿的目的，它们不仅有了联系，而且建立了亲密关系。这种关系背后少不了两个人的身影，一个是手握权力，在中国公司工作，负责葛兰素史克市场推广的运营总经理梁某；一个是不做旅游业务，只做会议服务的旅行社老板翁某雍。

（翁某雍，上海临江国际旅行社法人代表：我们的结算做给他们，和预算之间有一定空间的话呢，他们有时候会要求增加一部分费用。）

解说：翁某雍所说的这种空间，实际上就是虚报规模产生的差额，比如一个预算一百人参与的会议，实际只有五十人参会，另外五十人的会议经费就被成功套现。而梁某在过去三年里，将大大小小十多次的会议业务，全部交给了这家临江国旅。

（梁某：最大的是去年的一次两千多人的会，最小的大概是一百多人的会。

记者：两千多人的会能涉及多大金额？

梁某：像去年两千人的会，可能就得超过一千万的费用了。）

解说：作为一家跨国大公司，葛兰素史克公司也是有着严格的报账制度的，那么梁某为什么要与这个几十人的小旅行社共同虚开发票，套取现金呢？

（梁某：公司里报不了账的一些花费。

记者：包括什么？

梁某：包括跟一些政府部门打交道，需要花费一些公司里面正常无法报销的钱。

记者：这部分钱是怎么过来的？

梁某：就是通过临江这边拿出来的。

翁某雍：他会说他可能要拜访个专家，需要去拜访个领导，然后可能要送些东西，公司规定送的礼品只有一百两百的，那肯定不行的，所以他说小翁你帮我安排一下多少现金，基本上都是这个情况。）

解说：为了拿到业务，旅行社会现金贿赂企业高层，甚至不惜提供性贿赂，而企业高层则与旅行社共同套现，再向个别政府官员、少数医药行业协会及基金会、医院、医生大肆行贿。然而，手握高额市场推广费，采取违法贿赂行径，却并未让梁某给公司交上一份满意的成绩单。据他自称，葛兰素史克中国区的销售额仅占总公司的3%，但五千名在华员工的数量却仅次于销售额占全公司40%的美国区，排名各区第二。如此高人力成本、低销售额度的背后，除了葛兰素史克（中国）自身的管理问题外，也与中国医药审批环节过多密切相关。

如今，已经被采取刑事强制措施的梁某也在悔悟当初的所作所为。

主持人：我们再来看一下它这样的一种方式，它的所谓的“四驾马车”跟临江国旅来形成套现，一部分自己贪了，另一部分商业贿赂目标是政府官员、医院、医生，还有一些基金会。

接下来我们看，非常耐人寻味的是，在这个案件侦办的过程中，临江国旅不仅仅为葛兰素史克（中国）投资有限公司提供服务，还有另外的两家，它们是谁？一下子让我们感到非常好奇，应该不能停止这种侦办的脚步。还有，为葛兰素史克（中国）投资有限公司提供相关服务的，不只临江国旅一家旅行社，还有这三家旅行社，请问它们又是谁？当然不能停止这种侦办的脚步。因此，我觉得还有很多去好奇和联想的空间，但是更多的是一种期待，应该把这个案件作为线索，打开一扇大门，去侦破更多的原本藏匿得很深的一些行为。

接下来，马上要连线中央治理商业贿赂专家咨询组的成员，北京大学廉政建设中心主任李成言。李教授你好。

李成言：你好，主持人。

主持人：这是一家大的跨国企业，在世界500强里头，它排200多，但是目前中国的法律在给它治病。请问，您感觉接下来的判断，接下来的程序和流程应该是什么样的，针对这个案件？

李成言：我觉得葛兰素史克这个公司在中国的行贿行为已经有十几年的历史，这告诉我们，可能还会有更多的公司在做这样一些非法的勾当。我觉得从法律角度讲，完全可以对葛兰素史克公司进行法律的制裁，因为法律的属地就可以用中国的法律来治葛兰素史克公司。不然的话，这样的行为如果泛滥起来，中国的市场一定会被搞乱的，就打破了市场上公平正义的原则。至于这样一些行为下一步怎么办，更重要的是要从金融流通，从我们本地公司的管理，还有从外国公司在中国行为的监管上，各个环节都要加强治理、加强监管，加强对它们的惩罚。如果不这样做，这些公司可能会变得更猖狂。

另一方面，我觉得重要的是，对我们自己本身的一些旅行社也好，各种单位也要严加管束。如果不是在这些方面有问题，它们不会在中国有这么大的市场。这和我们自己的公司在这儿做的一些行为都有直接的关系。只有这样，两边都严加管束，才能够真正杜绝这种行为的发生。

主持人：李教授，一会儿还有问题向您请教，接下来我们就来关注一下，其实外企在中国来进行这种商业贿赂，并不是从葛兰素史克开始的，之前也有案例。不过也许从现在开始，我们将开始一个防范这方面的行为的新阶段，我们一起来看一下。

（播放短片）

解说：位于天津经济技术开发区的天津德普诊断产品有限公司，是一家美国公司，成立于 1991 年。案发时的 2005 年，它的产品已经占领了中国市场的三分之一。

（任建明，清华大学廉政与治理中心副主任：德普在中国 11 年，它创造了医疗器械公司的一个发展的神话。我们通过这个案例来反思的话，其实它主要是通过贿赂，商业贿赂这种方式来创造的这个神话。）

解说：打破这个神话的最早的行动来自美国。2005 年 5 月 20 日，美国司法部的一张高额罚单迅速在国内引发热议。因为美国司法部认定，全球著名的医疗诊断器材公司美国德普公司在中国天津的公司，从 1991 年到 2002 年，以现金回扣的方式向医院推销产品，给多家医院的医生和实验室工作人员提供非法折扣，高达 162.3 万美元。

（任建明：1993 年就颁布了《反不正当竞争法》，1996 年工商行政管理局他们有《关于禁止商业贿赂行为的暂行规定》。为什么有了这些法规，还没有发现和治理？）

解说：时隔八年，同样在医疗行业，同样是跨国公司，这次爆出丑闻的是葛兰素史克（中国）投资有限公司的高管，而案件的线索是源于公安部门对上海临江国际旅行社等四家相关旅行社异常经营活动的关注。

（公安部部署当地公安机关，经过多次明察暗访，查明了该旅行社所做的会议业务，大多数是一些外资医药公司委托的，尤其与一家医药公司业务往来频繁，一年中要举办大大小小的培训会无数。)

解说：如今，随着公安部的侦查，案件的链条细节也在一点点水落石出。我们也在关注，八年后的这起由公安部查出的跨国贿赂案，涉案企业会得到怎样的判罚？公安部对葛兰素史克（中国）投资有限公司的高管立案侦查，是否也能给我国跨国公司贿赂案的查处留下借鉴意义？

主持人：接下来还是要连线中央治理商业贿赂专家咨询组成员李成言，李教授。其实过去针对2004年、2005年的朗讯也好，德普也好，有一种很尴尬的感觉，是其他的国家动用它们的法律对海外的在华企业来给予制裁。但是这次是咱们的司法部门主动出手，您觉得这一次透露了一种什么样的信号？

李成言：这一次这样一个动作，其实可以看出来我们对整个外资企业在中国这样一些行为的高度重视。另外，我们也在2004年、2005年专门制定了有关的商业贿赂的一些条例条规，最主要的是2005年我们成立了中央反商业贿赂的领导小组，同时还有办公室，还请了专家做咨询。我们高度重视，而且还处理了一系列的商业贿赂的案子。我们自己国家内部的，还有国外的一些公司也都在做反商业贿赂这方面的工作，但是这个工作不是说一朝一夕就可以解决的，需要我们不断地去加强，不断地发现它新的手段、新的办法，能给予它新的制裁，一定要按法律的原则对它们进行制裁，否则后续很多问题都很难得以解决。

主持人：好，非常感谢李教授给我们带来的解读。也有好多人说，葛兰素史克（中国）投资有限公司入乡随俗，在中国就必须商业贿赂，其实完全不是这样。在2004年的时候，它在意大利就向4700名医生以及相关的人员、药剂师来进行这种商业贿赂，为的是多开它这种处方的药。因此中国扬起这把法律的利剑，我想很多的外企也应该明白一点，在中国一定要按法律来行事，一旦你得病了，没关系，中国的法律也会给你开药。但是更重要的是，应该保证你自己的肌体是健康的。

就在中央媒体报道GSKCI被查处的同一天，GSK总公司发表声明，表示道歉，并愿意配合中国司法机关的调查。

以下是新华社的报道：

“新华社北京7月15日电（记者胡浩、邹伟）由于涉嫌严重经济犯罪，葛兰素史克中国公司的部分高管被立案侦查，引发广泛关注。15日，葛兰素史克在其官网发表声明，称将全力配合相关政府部门调查。

“葛兰素史克在声明中说，‘我们对本公司某些员工及第三方机构因欺诈和不道德行为所面临的严重指控，深表关切与失望。上述行为严重违背了葛兰素史克全球的规章制度、管理流程、价值观和标准。葛兰素史克对此类行为绝不姑息和容忍。’

“声明还表示，葛兰素史克将全力配合相关政府部门对最新披露的情况的调查，正重新审查与所有第三方代理的合作，并立即停止使用本次调查所涉旅行社的服务，同时全面检查所有与旅行社相关的历史合作记录。

“根据警方公布的信息，葛兰素史克中国公司的部分高管为达到打开药品销售渠道、提高药品售价等目的，向政府部门个别官员、少数医药行业协会和基金会、医院、医生等大肆行贿。目前，案件尚在进一步侦办中。”

十四、侦查谋略

随着 GSKCI 四大高管相继落网和主要涉案对象纷纷被抓，下一步，怎么揭开 GSKCI 商业贿赂之谜，是摆在专案组面前的头等大事。

案件对外公布之后，上至中央政法委、公安部、最高检、最高法、湖南省政法委，下至专案组，各级都在加紧对案件的研判，以确保这起特大案件的侦破始终朝着正确的方向推进。

7 月 15 日，湖南省政法委会议室，“5 · 09”专案会议召开，时任湖南省委常委、政法委书记、省公安厅厅长孙建国主持会议，省、市公安机关负责同志参加。会上，张慧副局长汇报了专案侦破进展；袁友方副厅长对短时间取得如此突破予以充分肯定，表示省公安厅将全力支持长沙公安机关的侦破工作。孙建国书记要求省、市公安机关要按部局要求，全力以赴，迅速扩大案件侦办战果；要对现有犯人加大审讯力度，尽快深挖 GSKCI 商业贿赂内幕，为彻底揭露 GSKCI 跨国企业大肆贿赂冲击、扰乱医药行业的罪行，为净化医药环境作出贡献。

专案组对于案件的研判，几乎每时每刻都在进行。

长沙东海楼的 328 房间是专案组密集聚集地。只要在长沙，只要没有别的会议，张慧副局长几乎天天蹲守在这个地方，与专案组成员潜心研判案情，破解各种疑难，发布专案工作的各项指令。实际上，这个328房间就是专案现场指挥部。

刚从省政法委开完会回来，张慧副局长就在328房间召开专案会议，研判当前案子如何向深度推进。

他提出要求：眼下侦破要突出工作重点，先打垮个人，才能讲GSKCI的问题，要尽快发现GSKCI在生产、销售流通领域违规违法犯罪问题。侦查目标要进一步细化，细化到队、到组，比如，一大队，要尽快查明GSKCI公司是怎么摆平上海物价局的？为什么第一次没有搞成？第二次是如何行贿的？这是重点！

又如，贺普丁，21.3元的成本，如何行贿厂家，使其到了经销商那里就卖178元，到医院卖到180多元，最后竟又以215元价格卖到患者手里。以此为例，深度剖析GSKCI怎样公关，与哪些部门、环节、人员联系，通过什么手段达到虚抬药价，这更是重点！是关键！

体现在具体对象上，比如，对翁某雍，态度一定不能反复；对黄某（女，GSKCI法务部高级法律顾问），查清她是如何公关党政机关的，尤其是发改委、物价部门；对黄某，要问清哪些部门由哪些人公关；对杨某明（女，GSKCI企业运营总经理助理），主要是证实梁某的问题，告知利害关系，利用信息不对称的优势做文章；对王某明（康辉集团商务会展上海有限公司总经理及实际控制人），关键对象在关键时刻上主力队员；对张某维，要告诉他又抓了不少人，走了不少人……

7月16日，高峰政委抵达长沙，下飞机后直奔东海楼。

听完汇报后，他首先肯定前期作战成果，标志就是 GSK 公司发布道歉声明，对此中央非常满意。然后他就下阶段侦破作出系列部署：7 月底要完成一系列工作目标，重点是找准 GSKCI 利益链条，即单位犯罪—公司个人犯罪—其他犯罪。

他说，对于 GSKCI 公司，要找出经营链条—利益链条—贿赂链条。经营链条：要以药为核心，搞清楚从研发—临床—生产—准入—审批有多少个环节、多少个部门。贿赂链条：查清包括哪些环节，上游在哪儿（如准入门槛、相关单位）、中游在哪儿（如推广部门、旅行社为资金平台）、下游在哪儿（如医生、主任、院长、医院、疾控中心等）。

他强调，要以调查为先导、审计为支撑、审讯为手段，发现线索，核实印证。侦查过程中可以大胆假设、小心求证、合理推测、事实印证。其制度设计是重中之重，要查清其制度是如何设计的、如何执行的，带金销售的点子是谁提出来的，这一切才是后阶段侦查的关键所在。

他指出，对于全体参战民警，参与如此重大案件的侦破，是专案组每个人从警生涯中的宝贵经历。这一次也是体现战斗力的机遇，同时更是挑战，是对我们的考验，对象抓了这么多，案子这么复杂，影响这么大，举世瞩目。

7 月 17 日上午 9 点，长沙市公安局二号楼一会议室，公安部在此召开“5 · 09”专案工作会议。公安部、长沙、郑州、上海等地公安机关负责人参加。会议由高峰政委主持。

高峰政委指出：葛兰素史克公司总部要把公司问题和个人问题截然分开，认为此次不是公司的事，是个人的事，不再支付律师费用，家属援助由他们自己负责。可把葛兰素史克的声明拿给他们看，让他们知道自己已经被公司无情抛弃。

张慧副局长汇报：我们已经掌握葛兰素史克公司三个系统（含临床医生管理系统）、三个计划（如“彩虹计划”），分部门进行贿赂公关。为取得书证，要找医生，调查取证要把重点往单位犯罪靠，查个人不是目的。

高峰政委明确要求：郑州，下游犯罪完善，要往上追；要口供，如总公司下发的培训教材。上海要查的是一个资金平台，重点是打击单位犯罪，这是指导思想；要找到资金来源，葛兰素史克公司哪个部门决定付款，谁做主、谁决策，怎么使用套现后的资金用于行贿、赞助等。

同一天，最高检相关领导抵达长沙，与省检、市检有关负责人一起在长沙市公安局参加专题会议。

高峰政委根据长沙专案组汇报的材料，再次向检察机关通报了案情，包括案件来源、侦破进展。

关于案件来源，高峰指出：此案最初发现的一个不正常是，旅行社只做会议业务，不做本职的游客业务；另一个不正常是，旅行社的业务由几百万的业务量猛增到几个亿，这极不正常。公安机关侦查此案就如同剖析大象，是一个系统艰巨的工程。此案国务院高度关注。GSKCI 的商业贿赂极为猖獗，已经到了登峰造极的地步：药卖到哪里，贿赂就跟到哪里；贿赂到哪里，药就卖到哪里。贿赂越高，药价就越高，最后谁受害？是老百姓，是国家医保。

关于侦破进展，高峰介绍，目前掌握他们的贿赂方式主要有以下几个：一是准入式贿赂，研发、审批、定价、进入医保，有一个局级干部退赃800万元，足见他们活动的能耐；二是推广销售式贿赂，用多少，贿赂多少；三是危机式贿赂，工商、税务等，哪里产生危机就贿赂到哪里。

他说，这是一个全方位、多层次、多部门的巨大贿赂系统工程，要请求检察机关加强对该案的侦查监督，此案有很多领域以前没有遇到，检察机关的参入可以推动法治建设。另外，请检察机关加强对此案侦查工作的指导，适时介入，公、检要合作办案。传统的做法是公安、检察接力办案，此案情况特殊。我们要辩证式执法，我国的执法程序是刚性的，实体上是弹性的。总理要在8月听汇报。此案案件质量要办得毫无瑕疵，要搞清案件的基本脉络。

最高检黄海龙副厅长作了发言：原则上同意经侦局意见。明确几点：一是由于案件重大复杂，涉及罪名多，主罪由公安机关管辖，对涉及国家工作人员犯罪的，适当时候向检察机关移交，可以采用检察机关侦办职务犯罪案件的做法，同意指定居所居住；二是关于律师会见，对GSKCI高管，律师不许会见；三是市检、公安两家要联合办案，适时介入，市局要书面邀请市检介入，要加强侦查监督。同时提出几点建议：一、该案复杂敏感，更加强调依法办案，确保该案取得更好的政治法律效果；二、加强对职务犯罪侦办力度，即行贿罪，研究赞助是否是行贿，对个人犯罪要严查；三、加强公、检两家沟通，多和市检沟通，尽量把问题解决在基层；四、宣传要少披露细节，检察的监督是正常的、必要的，接受监督是公安的义务，要采用建设式的监督，而非完全否定式的监督。

这一次的公安、检察协调会议具有划时代的意义，此次会议之后，长沙市检察院正式介入此案侦查，完全改观了传统意义上的接力办案做法；同时，此案的侦办也引发了随后的系列司法改革，是一座司法改革实践的重要里程碑。

这一系列面上的协调、研判会议结束之后，高峰政委再次召开专案侦查员研判会议。

在此案的侦破过程中，高峰政委极力倡导，集所有侦查员智慧全力以赴办案。在专案组中，所有侦查员都可以畅所欲言，充分发表意见。他喜欢在指挥部摆上一块大的写字板，请发言的侦查员上台介绍，研判案情。

就在公安的专案会议在长沙市公安局开完之后，这天下午，高峰政委又来到了市局经侦支队，在五楼会议室摆开了“架势”。

高峰政委在写字板上详细分析了案情，侦查的基本态势、关键的犯罪节点把握、侦查方向目标、侦查组织和开展，以及侦查谋略，要以点带链，以链带面，突出单位犯罪。

如此便厘清了整个案件的发展脉络，绘出一个完整的侦查计划，框架全都出来了，以后的侦破便只需不断地添加内容即可。

十五、一粒来的故事

说罗学安是审讯专家一点儿不假。对付犯罪嫌疑人，他还真有独到的方法。在他手上，有着无数把开启工作对象心灵的钥匙，面对不同的对象，他会拿出不同的钥匙，巧妙地打开对方的心扉。

很多年前，有个越战老兵犯了罪，不服审讯，说自己当年在战场上立过战功。

后来罗学安接着审，用了一番激将法。

老兵说，我是在枪林弹雨中过来的，你们这些小屁孩有什么资格来审讯我？

罗学安一进来，就在气势上压倒了对方，说，你是战场上下来的英雄不错，可你这个英雄胆子太小，我不佩服你。

对方说，你还敢说我胆子小？我一生什么都不怕，我还胆子小？

罗学安说，你哪里是什么都不怕啰，你犯点儿小事都不敢说，还什么都不怕？砍了脑壳也就碗大的疤！怕什么怕？你一个大英雄还怕交代自己的问题？有什么说不出来的事情？

对方一听，是呀，我怕什么？我会怕吗？

结果他把什么都说了，不知不觉就自己下山了。

那都是过去的事情，还是说当下。

罗学安没有魔法，没有孙悟空钻进人家肚子里的本领，但他有办法。他能把准对象的脉搏，他最大的特点，就是能够准确地找准审讯的切入点，攻克对方。

李某龙（黑龙江省哈尔滨市人，GSKCI 处方药部肝炎事业部——HBU 业务总经理），一个精瘦、高个儿的男人。他被抓之后，一直拒绝配合警方，拒绝交代任何问题。

专案组把审讯任务交给了罗学安。

接到任务后，罗学安最初也像审讯其他对象一样，不急着做审讯记录，也不急着谈案子，没有直奔主题。他先跟人家闲聊，拉家常，试图拉近跟审讯对象的距离。

可他发现跟李某龙闲聊不起作用，他不跟警察配合。他会回答你的问题，但回答的不是你要的结果。关于违法犯罪，他只字不提。

李某龙有防备，他知道这是警察在跟他套近乎，没话找话说。他在心里筑起了一道堤，一开始就把别人堵在外面。

可罗学安不气馁，也不生气。这样的对象他见多了，知道他不跟你说，是没有找到跟你可聊的话题；说白了，就是没有共同语言。要打开对方的心扉，第一步就是要找到彼此愿意交流的话题。

这个话题，是罗学安经过了几天的细致观察才找到的。

罗学安每天陪着李某龙，看着他吃饭喝水。

每餐饭李某龙都吃得非常干净，甚至连掉在桌上的一粒米都会捡起来放到口里。

这本来是一件毫不起眼的事情，可就是这个细节，罗学安凭直觉感到，这个李某龙小时候可能吃过苦，至少家境不好。要养成这个不浪费一粒米的好习惯，绝不可能是一个富家子弟能做到的。

罗学安便说："老李呀，你这个习惯好啊，不剩饭，一粒粮食都不浪费，难得啊！"

一声老李，一句难得，一下子就把两人的距离拉近了。

"从小养成的习惯，没办法丢了。你不知道，我小时候家里很穷，没饭吃呀。"这一回李某龙不用罗学安做任何工作，主动说起了自己的家境。

"是啊，只有吃过苦的人，才知道粮食的重要，懂得珍惜每一粒粮食，值得我学习啊！"罗学安发现这是一个再好不过的话题，就抓住不放，跟对方谈起了粮食的重要。

这一说，就打开了李某龙的话匣子。李某龙主动介绍他的家境，他家住在北大荒，因为粮食不够吃，从小就养成了珍惜粮食的习惯；直到现在，即使再有钱，他从不糟蹋粮食，而且对那些糟蹋粮食的人特别痛恨。

这是一个极好的切入点，罗学安抓住这个切入点，开始推心置腹地跟他交流。他们的心理距离越来越近。

从一粒米，联系到了帮 GSKCI 卖药，罗学安就有意把话题引导到 GSKCI 的肝炎药上来。多少患者为了吃上你们公司的肝炎药，弄得倾家荡产，你作为 GSKCI 处方药部肝炎事业部业务总经理，你就真的心安理得？

李某龙很清楚 GSKCI 的药为什么越卖越贵，患者吃药花费太多，却又因为 GSKCI 的药疗效不错，很多患者对他们的药物有了依赖，只得花血本吃他们的药。

经过罗学安一引导，李某龙觉得真是，他们天天在想方设法抬高药价，最终坑害的是谁？还不是自己的同胞？

“当年你们家没饭吃，生活非常清苦，所以你特别珍惜粮食，不糟蹋每一粒粮食，这是美德。可你想过没有，你们为 GSKCI 卖药，不择手段使药价虚高，这害了多少人？很多患者为了买到你们的高价药，重新回到了贫困线以下，不得不过上贫困的日子，你们最终害的是谁，你想过吗？你们是帮着英国老板在坑害中国同胞，这跟当年做日本人的汉奸有什么区别？”

罗学安把该说的道理都说了一遍，还上升到了民族自强的高度。这话有分量，成了压倒李某龙心理防线的最后一根稻草。

终于，李某龙坐不住了。

他不想做汉奸，也不想坑害同胞，警察的话提醒了他，不能让那些已经脱贫的人，因为吃了自己推销的高价药，重新走向贫困。没饭吃的日子，他已经过怕了。

他不愿意成为坑害同胞的罪人，警察的一番话最终打动了他，他开始交代在 GSKCI 的违法犯罪行为。

2012 年 9 月，河南省郑州市工商局金水分局接到报案，对 GSKCI 的“商业贿赂”进行查处，并下达了行政处罚 2800 万元的听证告知书。这是一张巨大的罚单，尽管 GSKCI 有钱，也不是拿不出 2800 万元，但是一旦接受了这个处罚，赔钱是小事，最重要的是从此背上了一个商业贿赂的罪名，这是 GSKCI 绝不愿意看到的。

怎么办？用长沙话说，叫“了难”，用 GSKCI 自己的行话叫危机应对。为应对这次可能的查处，公司总裁马克锐指派法务部总监赵某燕牵头，指使梁某、黄某（女）、李某龙和米某通过各种渠道进行公关。

郑州的公关，实际就是由李某龙在操作。李某龙通过关系人李某和张某某找到某学校副主任屈某某帮忙。屈某某答应了帮忙找郑州市工商局金水分局局长岳某某减少对 GSKCI 的罚款。

为此，2012 年 12 月，李某龙从翁某雍处取出 10 万元现金用于行贿。李某龙和米某在郑州黄河医院交给屈某某六张 5000 元的购物卡和一把价值 5000 元的紫砂壶、一方价值 4000 元的砚台作为感谢。另送张某某一把紫砂壶、送李某一方砚台。之后，翁某雍通过虚增会议开支，由临江国际旅行社虚开发票在 GSKCI 以“业务会议费”的名义报销了这笔 10 万元行贿款。

在这次公关过程中，李某龙从翁某雍那里套取的 10 万元行贿款，实际只花了 3.8 万元用于请客送礼，而剩余的 6.2 万元则被李某龙非法占有，此事随后不了了之。

李某龙是 GSKCI 处方药部肝炎事业部（HBU）业务总经理，是梁某的下属部门负责人。肝炎事业部（HBU）主要负责推销贺普丁和贺维力两种肝炎类药品（简称“双贺”）。GSKCI 每年按照上一年度销售额的 10%预算给 HBU 销售费用，由李某龙分配到 HBU 下设的销售部和市场部，再由这两个部门分别采取不同方式对处方医生行贿，以提高“双贺”药品的处方量。

其中，销售部的医药代表主要是通过虚开发票以“科内会和院内会”、“业务招待费”的名义套取现金后，再以回扣、并列入住宿费和讲课费等名义向处方医生行贿。市场部的市场经理，主要是根据各地医药代表反馈的医生开具处方情况，以参加“全国市场会议”、“省级市场会议”、“城市市场会议”，以及“区域市场会议”等名义，采取旅游、现金、实物等形式对开处本公司药品量大的医生进行贿赂。

专案组现已查明：

一、2012 年，HBU 实际开支销售费用共计 2 亿元，其中 6000 万元被一线医药代表以“科内会和院内会”、“业务招待费”的名义虚开发票套现向处方医生行贿，其余资金以赞助参加“城市会议”、“省级会议”等形式向处方量大的单位和医生行贿。

而李某龙通过韦某夫（HBU 中国区大区经理）、马某珠（女，HBU 中国区大区经理）、尹某芳、谭某星（HBU 郴州医药代表）、俞某前（HBU 邵阳、娄底医药代表）等人以回扣等名义向湖南部分地区处方医生行贿，行贿金额 50 余万元；另外，2011 年 1 月以前由犯罪嫌疑人李某乙组织 HBU 湖南地区各医药代表向湖南某些医院的医生行贿 40 万元。

二、2011 年至 2012 年，因贺普丁药品专利保护过期，为了在一些目标医院垄断销售“双贺”类药物，GSKCI 组织了财务部、法务部、商务部、医院大客户团队等多个部门配合 HBU 实施了“长城计划”（即防御）。该计划由马克锐特批 1700 万元现金向全国 120 家重点医院的药剂科医生行贿，每年分别赞助 5 万至 10 万元现金不等，赞助的条件是这些医院不得采购其他医药公司的“双贺”类药品。

三、在“长城计划”的基础上，2012 年至 2013 年，GSKCI 组织多个部门配合 HBU 实施了“龙腾计划”。该计划向 HBU 一线医药代表增加投入 3600 万元资金，用于对全国 180 家“双贺”销售靠前医院的临床科室处方医生加强行贿力度，以阻止这些医生开处其他医药公司的“双贺”类药品，形成垄断销售。

以 2012 年为例，李某龙担任肝炎事业部业务经理，下设北、东、中、南中国区四个销售总监和一个市场总监，下面再设 25 个大区经理、100 个地区经理、650 个一线医药代表，全年共完成销售额 22.5 亿元，用于市场推广的费用共计 2 亿元，其中销售部费用 1 亿元、市场费用 1 亿元，均用于进行药品销售的推广（包括赞助费、会议费等）。至 2013 年 6 月案发时，“龙腾计划”已行贿使用了 2500 万元资金。

攻克了李某龙，又撕开了一条缝，GSKCI 的商业贿赂露出了一张“小脸”。然而，这仍然只是一小部分，侦查才刚刚起步，离彻底揭开 GSKCI 商业贿赂的事实依然很远，很远……

十六、一张照片一把泪

尹某芳是个顽固不化的家伙，被抓进公安机关的时间最早，交代问题却很晚。她闹得最凶，不配合，要自杀，专案组天天要派专人24小时陪她。

前面几拨人都审讯了，效果不佳，队长赵明说："学安，你来试试!"

试试就试试呗。罗学安又接下了这个活儿。他带着另一个侦查员开始了对尹某芳的审讯。

还是那样，罗学安不急于正儿八经地审讯。

人家不想说，你怎么审她，她还是不开口，最要紧的是寻找打开对方心灵窗户的那把钥匙。

罗学安就带着他的队友陪尹某芳聊天。

尹某芳又哭又闹，一把鼻涕一把泪，一半是装，一半是焦急。

罗学安不急，有一句没一句跟她闲聊。闲聊的时候，罗学安无意中发现，尹某芳手里一直拿着一个小钱包，钱包里其实没有一分钱，却有一张照片。

罗学安发现，尹某芳很在意里面的那张照片。

这是一个契机，对象在乎的事情，你就得跟着在乎；你在乎她的在乎，可能就会找到打开对方心灵窗户的钥匙。

为什么她惦记着那张照片？那是谁的照片？

有一天，罗学安说："能不能借我看看你的包？"

尹某芳有些诧异，心里也许在想，这个警察要看我的包干什么？

"放心，我没有别的意思，不想打探你的隐私，我只是不理解，你们进来时钱物都已经被暂扣了，你老拿着个包干吗？难道你的钱物没办暂扣？"罗学安想用激将法逼着尹某芳把钱包交出来。

"你看吧。"尹某芳把包扔给了罗学安。

罗学安打开包，里面只有一张照片，是个小男孩的照片。

男孩长得很漂亮，一脸的稚气，这肯定是尹某芳的孩子。难怪，尹某芳有事没事就拿出包来看看，她在想她的孩子。

这是个敏感的话题，也是一把好钥匙。

罗学安端详着那张照片，口里念叨起来："嗯，这孩子长得真漂亮，特帅，如果我没猜错的话，这是你儿子。"

尹某芳没说话，点点头，泪水一下就流出来了。

罗学安继续道："真可惜，儿子这么小，妈妈就不在他身边，说不定你儿子现在还在哭喊着要妈妈呢。"

这话像一把剑，一直刺到尹某芳的心底。尹某芳顿时泪如泉涌，开始抽泣。

"早知今日，何必当初？都已经这样了，何必硬撑？再说有多大的事情？不就帮人家公司销售了一些药品，行贿了几个医生？你也不是什么主犯，天大的事情上面有人顶着，你有必要帮人家扛着吗？其实，说出来什么事情都了了，你也可以回家去带孩子了。”罗学安耐心劝说着。

“哦?”尹某芳像突然明白了什么，瞪大眼睛看着罗学安，想从主审官那里得到准确的答复。

“是的，我跟你说的都是大实话。事实上，你不说，别人也会说；你不说，我们也能够调查出来。你们行贿了多少医生、多少医院，事都摆在那里。但你说出来和不说出来，性质完全不同。你交代了，表明你态度好，态度好又愿意接受处罚，肯定能够从宽。否则，你懂的……”罗学安继续劝导。

他已经看出了尹某芳在犹豫，只要再加一把柴火，尹某芳兴许就会“下山”了。

偏偏就在这个时候，一个人推门进来，是专案组的同事，进来登记资料。这个人早不来晚不来，偏偏在这个时候来了。

凭着多年的办案经验，这个时候尹某芳离交代问题只有一步之遥了。也许，抓住这张照片，罗学安不用一分钟就能突破。可是，被进来的人打断了。当然，同事也不知道里面的情况，不然他也不会在这个关键时刻进来。

罗学安赶紧在同事的腿上掐了一把。同事知道来得不是时候，什么也没说，赶紧走了。

罗学安非常清楚，在这种关键时刻，是不能有任何干扰的。见对方要讲不讲，罗学安便还是拿那张照片说事，讲清道理。

“你又何必替公司背锅啰?贿赂医生、贿赂院长不是你要做的，是上面要求你做的。你只是个打工的，出了事他们躲起来了，你帮他们坐牢，冤不冤？你不为自己着想，也得为孩子着想。孩子才多大？还不到三岁吧？天天看不到妈妈是什么滋味？你看不到孩子又是什么滋味？人心都是肉长的，你帮公司守口如瓶，你能得到什么？有意义吗？”罗学安的劝说蛮有效果。

虽然同事突然闯入多少影响了尹某芳的情绪，但没有改变她即将“下山”的大势。

尹某芳一边听着一边流泪。罗学安的每句话，她都听进去了，都扎在她心上。想起儿子，就如眼前的警察说的，她还瞒什么瞒？又何必替公司背锅？她真的不是什么主犯，没必要隐瞒，说了兴许真的能早日见到自己的儿子。

终于，尹某芳想通了，把她知道的一切全都说了出来。

HBU 在湖南地区的贿赂犯罪事实如下：2012 年，HBU 使用贿赂费用共计 2 亿元，其中约 6000 万元被一线医药代表以“科内会、院内会”、“业务招待费”的名义向处方医生行贿，其余资金以赞助参加“市场会议”、“赞助会议”等形式向处方量较大的医生行贿。

后来查明：犯罪嫌疑人李某龙通过犯罪嫌疑人马某珠、尹某芳组织犯罪嫌疑人谭某星和俞某前，以处方回扣等名义向湖南部分地区处方医生行贿，行贿金额共计 95. 57 万元。一是 2011 年 2 月至案发时止，由犯罪嫌疑人谭某星以及 HBU 市场部向犯罪嫌疑人王某文、李某勇两名处方医生行贿共计 20. 1 万元；二是 2012 年 7 月至案发时止，由犯罪嫌疑人俞某前向娄底市、邵阳市张某平等 13 名处方医生行贿共计 6. 03 万元；三是 2013 年 1 月以后，由尹某芳组织其他医药代表向湖南湘雅医院二医院唐某欧等6名处方医生行贿共计29.44万元；四是2011年1月，由李某乙组织HBU湖南地区各医药代表向湖南多家医院的医生行贿共计40万元。

作为湖南区域经理，尹某芳所做的一切都是按照公司要求在进行商业贿赂，她组织谭某星等地市销售代表以讲课费、病例入组费、开处方给回扣等形式向湖南郴州某医院王某文等人行贿共计14万元，向某妇儿医院有关医生行贿20余万元，向娄底市、邵阳市三家医院的有关医生行贿8万元，等等。

案发后，通过做工作，郴州地区200名医生就个人接受GSKCI医药代表贿赂的问题向郴州市纪委退赃共计130万元，部分医生作出了书面交代和接受公安机关的询问。

专案组查明，除此之外，湖南省仍有12个地市28家医院的医生接受过GSKCI销售代表的贿赂。湖南只是中国中部的一个省，对于GSKCI整个商业贿赂而言只是一个极小的部分。中国有三十四个行政省区和直辖市，湖南只是三十四分之一。

尹某芳本不是什么重要人物，在GSKCI也就是一个省的区域经理，似乎无足轻重，可她却是个关键人物，她的招供给GSKCI商业贿赂的犯罪事实钉上了一个关键的钉子。说白了，就是她坐实了GSKCI的商业贿赂犯罪。

湖南的突破，虽然只是打开了一个缺口，但尹某芳和她的湖南同案的交代，给侦破整个GSKCI商业贿赂案件提供了一个最有力的证据。

后来的调查发现，GSKCI对其他药品销售网络中心的全国各目标医院和非目标医院，都是采取同一贿赂模式进行推销。

专案组调取了GSKCI的HCP（医疗保健专业人士名单）和JDE（财务支付系统），相关数据显示，GSKCI在全国对12748名专家级医生以讲课费等形式直接或变相行贿，同时建立了一个销售目标医院库，收集全国医院医生名单共计30余万人作为行贿目标。GSKCI通过行贿活动，使其“贺普丁”销量在2010年至2012年分别为18.6亿、19.7亿、22.5亿，销量显著提高。

无论是手段还是数目，GSKCI的商业贿赂都是触目惊心的。

十七、“大客户团队”

黄某（女）是GSKCI的四大高管之一，公司企业运营部总经理，是第二次上海抓捕行动落网的对象。

此人进来之后，尽耍无赖。为了对付警察，她装病，带了一堆药，说她子宫有问题，大小便失禁。为了装得逼真，她居然还用上了尿不湿。

她拒绝交代任何问题。审讯干部换了几拨，都没作用，她始终抵赖，说自己什么都没干。

专案组及时调整主审民警，安排谭军担任主审，后来又把罗学安抽调过来，两人搭档。

谭军、罗学安算是最佳搭档了，两人最早去上海，成功攻克了一个又一个堡垒，彼此非常了解。

罗学安加盟进来之后，就说：谭队你主攻，我打配合；一个唱红脸，一个唱白脸，拿下一个黄某不是问题。

两个高手联手，他们没有仓促上阵，而是先了解队友审讯的情况。然后他们认真研究了一番。审讯要依法依规，必须制订方案，要把前期基础工作做得扎扎实实。

交锋开始了。

谭军先问情况。可只要谈到案子上的事情，黄某就什么都不承认。

罗学安于是不谈案子，开始跟黄某聊天，从吃的话题开始，谈湘菜，这自然是罗学安了解的领域。

黄某人长得漂亮，性格高傲，看不起审讯她的警察。罗学安跟她谈湘菜，倒让她有了兴趣，便也有一句没一句地跟罗学安闲聊起来。

慢慢地，主审官和被审讯对象就没那么敌对了，距离也开始拉近。

而在 GSKCI 药品销售方面，对一些主要药品的信息，谭军已经做足了功课，甚至深知 GSKCI 带金销售的套路，说出来的东西没有半点儿外行的感觉。

谭军抓住时机，在黄某跟罗学安闲聊得差不多的时候，把话题引导到 GSKCI 的药品销售上来，并主打民族感情这张牌，激发她内心的民族感情。

黄某开始谈及他们的商业贿赂问题，但最初不敢承认是商业贿赂。事实上，他们的商业贿赂从一开始就非常隐蔽，他们至少不喊直接送钱，而叫企业文化。

肯说就好办。谭军发现，打民族感情这张牌有用。看得出来，黄某有比较强的民族意识，爱国，爱自己的同胞，这是让她真正觉醒的最关键因素。也许，从这个角度切入会有奇效。

“你知不知道，你们天天在帮着英国商人坑害中国患者，多少中国患者为了买你们的特效药倾家荡产？药价虚高，一盒药在中国要卖比别的国家高出几倍的价钱，始作俑者就是你们这些卖药的！你们还美其名曰在帮中国患者，你们是在坑害中国患者，坑害自己的同胞！”谭军说。

“我……”黄某有些支支吾吾。

“就说你组织的‘大客户团队’，配合实施‘长城计划’，向全国120家重点医院药事院长和药剂科科长行贿，行贿了多少人？卖出了多少药？药价又被无端地抬高了多少？你难道一点儿都不知道？”谭军充满激情地发问道。

黄某不作声了，认真听着谭军的训斥，脸色红一阵白一阵。

“你还为你们做的事情感到心安理得，行贿得那么厉害，还美其名曰企业文化，这样的企业文化坑害了多少同胞你知道吗？你问问你自己，帮助英国老板来坑害自己的同胞，你的良心都到哪儿去了？还跨国药企的高管，还所谓的精英，良心全都被狗吃了！”谭军越说越气愤。

“你骂得好。”黄某终于说话了，她的眼睛已经湿润了。

谭军抓住黄某组织的“大客户团队”进行剖析，最终击溃黄某抵抗的心理防线，取得预期效果。

黄某终于供认：

2009年10月，为拓展和保障药品销售渠道，马克锐授意她成立了60人编制的“医院大客户团队”，每年给予1000万元的预算，主要是以赞助会议、旅游，支付会议注册费、培训费、差旅费等方式进行贿赂，公关医院分管药品的副院长和药剂科科长，以保证GSKCI的药品能够进入目标医院。

行贿模式：一是以第三方的名义举办学术会议、教育会议，由GSKCI出资，以参加各种国际性会议、全国性会议、省级和地区级会议的名义邀请重点医院分管药品的副院长、药剂科科长旅游、娱乐。二是直接行贿，主要采取虚构会议、虚报参会人数、虚增费用数额等方式，由第三方旅行社套现或者采购礼物直接向公关对象行贿。

GSKCI 的“医院大客户团队”，由马克锐和张某维选拔了黄某等人负责组织和执行，并由赵某燕组织法务部制订了相关合同范本和审核具体合同，妄图以合法的形式掩盖其行贿行为。

2009 年至 2012 年间，该团队共计组织和赞助了 1281 次会议，行贿总金额为 30884334. 84 元，帮助 GSKCI 的 2000 多个新品规药品进入了多家医院销售。尤其是 2009 年年底至 2013 年，犯罪嫌疑人廖某霞共组织或赞助湖南地区各医院多个副院长、药剂科科长及药剂师参加“全国青年药师论坛”和科室会议等 16 次，都是采取给讲课费、评委费等方式进行行贿，其经手的行贿总额为 240500 元；其中，虚增 9 次会议支出套现 25838 元，均用于行贿。

黄某领导的商务部，负责对 GSKCI 每一个药品经销商进行管理，其主要工作是收集经销商的经销数据和药品销售流向，统计 GSKCI 的药品在各个医院的销售情况，为 GSKCI 进行有效预算和分配各种行贿资金，以及为进一步考核各医药代表的销售绩效提供依据。其中，谭某自 2010 年 5 月担任 GSKCI 湖南商务经理以来，明知医药代表以回扣等方式向处方医生行贿以推广药品，仍每月统计湖南地区经销商瑞格医药公司与国药控股湖南公司的药品入库、出库等数据交给公司行政部人员汇总，并与销售部门对各医院的药品销售数据进行复核，帮助绩效考核部审核，并确认每个医药代表的销售业绩和观光费用额度，以加强 GSKCI 的行贿效率和效果。

经审，黄某对以下几方面供认不讳：

1. 她对指控 GSKCI 对非国家工作人员行贿犯罪及其个人犯罪认罪。

2. 她对马克锐提出的“以销售为导向”的理念知情，并持支持态度，她在其领导部门的管理会议上或非正式场合贯彻落实马克锐提出的该理念及口号。

3. 为贯彻实施马克锐的“以销售为导向”的理念，她领导“大客户团队”、广阔市场部及商业发展事业部邀请全国各地医疗机构的医务人员参加由 GSKCI 赞助和组织的境内外各类会议，并通过支付差旅费、讲课费、安排旅游等方式贿赂与会医务人员。

4. 她领导分管部门的销售人员将其支付的相关费用分别以“研讨会费用”、“展示费”、“市场费用”等名目在 GSKCI 的 Eform 系统和 JDE 财务系统中报账、记账。

5. 通过上述贿赂销售模式，黄某及其领导部门帮助销售部门打通药品进入医院的关口，从而使公司的药品销售业绩得到大幅增长。2008 年，GSKCI 在中国的销售额为 20 多亿元；2009 年马克锐来中国时为 30 多亿元，到 2012 年这一数字增至 72 亿元，“整整增长了 3 倍，年均增长 25%”。

此外，黄某交代，GSKCI 每年“近千万预算大半用于行贿”。

她回忆：“2009 年之前，GSKCI 销售业绩平平，年均增长幅度在 18%左右，没有突破过 20%。”2009 年，新任 GSKCI 总经理马克锐到任，“要求不计代价实现销售指标增长”。马克锐认为，要实现销售增长，GSKCI 需要让更多药品进入医院和医保目录。因此，医院分管药品的副院长、药剂科科长是关键性人物。

GSKCI“大客户团队”在此背景下成立。黄某曾有医生执业经历，入职 GSKCI 后早期干过销售代表。2009 年，她接手“大客户团队”。

“大客户团队”的主要工作是与医院进药关键人群建立关系，重点覆盖数百家三级和二甲医院。很多区域的医保体系对销量大的药品用量年底会有限制，“如果处理好（与副院长、药剂科科长的）关系，限制不会太大”。

一切为了销售，“公司集体行动”，共同创造销售奇迹。

“送课上门”，是“处理好关系”的一种方式。GSKCI 会组织、赞助各种学术会议，邀请各大医院副院长、药剂科科长参加，或与重点大学合作，单独为每家医院设置医药课程，“送课上门”，提升医学水平和管理能力，同时推介 GSKCI 的药品。

但完全靠举办学术会议，行不通。黄某解释，对医药大客户的市场营销和推广，行业尽人皆知的秘密是，“除了让与会者获得学术技能提升，还能得到个人好处”。

因此，每次学术活动中，除学术会议外，医药公司会安排旅游，或者赠送高价礼品，尤其是国际会议，有的会将现金作为“车马费”直接发给与会者。GSKCI“大客户团队”类似“公关费”每年预算近千万元，其中大约三分之一真正用于学术会议，另外的则用于车马费、礼品等行贿。

最近两年，有关部门对 GSKCI 进行内部审计曾发现多起“不合规”案例。比如，河南郑州内审部门发现，“销售代表造假发票、假消费单，从公司套取现金，再给医生行贿；销售代表造假销售流向单，骗取推广费”。“但公司内部对此类案例通常采取纵容态度，对高管没有任何处罚措施”。

黄某认为，在“销售为王”的企业策略下，医学部也好，法务部也好，合规部也好，公司的任何部门都要支持实现更高的销售目标。虽然公司也有审计等监管制度，但往往是走过场，或有意不查。

这就是这家跨国药企在“销售为王”的指导思想驱使下畸形发展的真实记录。

公司会计师事务所的高层表示：“调查发票和费用，你会发现所有这些看似都合法。当高层合谋时，问题就更难被发现了。”

在“销售为王”、“一切为了销售”的强烈刺激下，一个医药销售的怪胎诞生了。

以下是一段关于黄某的审讯笔录（此笔录为开庭前检察官对黄某讯问的笔录）：

问：你是否有犯罪行为？

答：我有犯罪行为。

问：你之前在公安机关所作的供述是否属实？

答：我在原来的供述中讲到的通过旅行社把钱套出来给参会医生“车马费”的事实不属实。其他事实都是属实的。如通过邀请全国各地医疗机构的医务人员参加由我公司主办或赞助的会议，并支付差旅费、讲课费、安排旅游等方式给医生好处的事实是属实的。

问：公安机关是否存在刑讯逼供、指供、诱供等违法行为？

答：没有。

问：他（指马克锐）来后在经营理念、经营措施上有什么新提法、新变化？为什么提出这样的新理念？

答：马克锐到 GSKCI 来任职后，进行了大量的调查，得到了“没有市场投入就没有销量提升”的反馈，提出了“成为行业销售增长第一的公司”的目标、“Selling Led（以销售为导向）”的口号，并提出了实现这个目标要实施的四大策略。

一是有更多的产品线，更多地覆盖治疗领域。后来收购南京美瑞工厂就是实施这个策略的计划之一。二是有更多的市场覆盖、渗透和占有。所以会不断地增加一些销售部门、销售人员、销售费用。后来成立广阔市场部就是这个策略的一个小小的计划。三是加速药品的市场准入。所以才会有后来成立市场准入部门、医院大客户等行为。四是人员，包括人员的招聘、培养、发展、挽留、激励。这主要是张某维的人力资源部负责的行为。

马克锐经常会在管理层的会议、公司年会、领导力峰会、精英俱乐部、各事业部的会议等大大小小会议中讲到他的上述目标、理念、策略。几年来，只要有机会他就会讲，反复地讲，讲了几乎上百遍，并且在会议上反复地播放这些内容的幻灯片。我们都听厌了。我们在单独向马克锐汇报工作时，他也经常会提到这些理念。

马克锐到 GSKCI 之后，公司销售部门的地位得到了明显提高，公司更加重视销售。公司各个部门是全力配合、服务于销售部门的。

问：你对马克锐提出的这些理念持什么态度？

答：他是公司总经理，我是职业经理人，我当然要支持和配合。我是支持的态度，按照他的安排和要求完成工作。

问：你具体是怎么支持、配合并落实马克锐提出的“以销售为导向”的理念的？

答：马克锐提出这些理念后，我也鹦鹉学舌向我的下属讲这些口号和理念。在我自己部门的管理会议上或非正式场合，我都会跟我的下属讲我们需要极力地支持、配合马克锐，以落实他提出的这些理念和口号。

在具体行为上，马克锐提出建立“医院大客户团队”，人员编制是他定的。我和朱某做方案向他汇报，很快得到他的批准，由我牵头组建成立了“大客户团队”。我们做的方案内容包括了人员在各个省的具体分布、目标医院的选择、活动的形式（开学术会议、提供培训等）、工作目的（建立和维护与医院院长、药剂科科长的关系）等。方案获批后给人事部招聘、培训人员上岗，财务部落实了预算费用。

“大客户团队”成立后，具体做法主要有：1. 赞助一些大的医院院长、药剂科科长等医务人员参加学术会议。2. 由我公司自己召开学术会议，邀请他们参加。费用由我们支付。3. 为相关医务人员提供培训。4. 在日常拜访中，请医生吃饭，偶尔给医生送小礼品等。

这样做是为了使医院药事委员会讨论新药入院时，药剂科科长和药事副院长在投票时能投我们的票。这样药品进入医院后才能被医生处方，实现销售。

医院大客户的所有会议的计划、对医院大客户工作的监督由朱某具体负责，我只从大的方面进行管理，主要是朱某将年度的工作目标、费用预算、奖金方案、人员挽留、人员晋升等事项跟我汇报，与我讨论；我认可后，他们执行。

跟我汇报的目标主要是年度新药的医院进药数量，费用预算是指人员扩编的费用、人员本身的费用（工资、资金等），最大的一块费用是为加强与医院药剂科的关系组织开展的活动的费用，占到了大客户部门整体费用的一半。具体的目标分解到每个季度、每个区域，实现这个目标的具体方案如开什么会议，由朱某他们自己定。超过 15 万元的会议或项目由我审批。

广阔市场部也采取同样的方式，以召开学术会议的方式为主，邀请和赞助医生参加会议，并在日常拜访中请医生吃饭，送医生礼品等，来介绍我们的产品。

商务部主要是在对经销商管理过程中，从经销商处收集产品的销售数据。销售数据录入公司系统后由销售绩效部门（SFE）下面的 SFA 团队进行统计。销售部门用这个数据计算销售业绩和奖金。这个数据对于商务部的作用，主要是对经销商的行为，比如是否有跨区域串货等的监控，对我们药品出现不良反应的召回等。

商务部还负责维护与各地药品招标主管部门的关系，具体行为主要是召开招标研讨会，邀请这些招标主管部门官员参加会议并为其支付参会费用。商务部的行为，对于贯彻“以销售为导向”这个理念起的作用主要有，医院断药了，经销商及时补货；收集的数据能及时地帮助销售部门的管理者来评估、管理销售代表的销售业绩。药品只有在招标中中标了，才有资格进入医院销售。邀请招标部门人员参加我们组织的会议，有利于与他们建立好关系，使我们的药品在招标时获得他们的支持。

问：《中华人民共和国药品管理法》第五十九条规定“禁止药品的生产企业、经营企业和医疗机构在药品购销中账外暗中给予、收受回扣或者其他利益。禁止药品的生产企业、经营企业或者其代理人以任何名义给予使用其药品的医疗机构的负责人、药品采购人员、医师等有关人员以财物或者其他利益。禁止医疗机构的负责人、药品采购人员、医师等有关人员以任何名义收受药品的生产企业、经营企业或者其代理人给予的财物或者其他利益”，你作为药品行业的从业人员、制药企业的高管，对这一规定是否知晓？

答：之前法律规定不能对医生行贿，我是知道的。但会议行为是不是行贿行为，我不知道。现在我认为，以各种形式给予医生好处和实惠的行为都是行贿行为，包括赞助和邀请医生参加会议的行为也是行贿行为，都是违反《药品管理法》的。

问：你怎么评价马克锐的做法？

答：我认为马克锐实施的经营模式，是无视我国药品管理法律法规规定的行为，只追求扩大销售量，以费用促进销售的贿赂销售模式，只是在合规部门、法务部门的配合下，对我们的行为营造出合法性的假象，披上了合法的外衣，从而让我们全力支持他，以使他在总公司获得好的成绩。

问：你之前供述的三次收受国控医药河北公司张磊所送的金条及其他物品（冬虫夏草）的事实是否属实？

答：属实。

……

十八、危机公关小组

赵某燕被押解到长沙之后，一直不配合警方的审讯调查。她一时哭一时闹，又是一个难“伺候”的对象。

主审赵某燕的侦查员，是一大队副大队长何谷山。何副大队长，四十来岁，遇事沉稳、冷静，性格比较柔和，说话有板有眼，逻辑性强，是一位经验丰富的侦查员。从抓捕到审讯，赵某燕这个“堡垒”就一直由何谷山负责攻克。

他的助手，依然由罗学安担任。两人同一个办公室，面对面坐，彼此非常了解，一个眼神、一个动作，彼此就能心领神会，配合十分默契。

罗学安性格上有些冲，而何谷山则比较柔和，这样相互弥补，算是理想搭档。用罗学安的话说，对彼此的思维方式、行为动作都熟悉，都习惯了，每个人的眼神都有“哈数（长沙话，即心中有数）”。审讯某个人，这都是集体的智慧，不能搞个人英雄主义。到了哪一步，抛什么东西，都有讲究，不能想怎么干就怎么干。比如，审某个人，这个班子硬要拿下来，拿不下来还要硬撑，这样就不行，空耽误时间。又如，审到关键时刻，侦查员会给同事发个信息，任何人都不要进来了，同事就知道审得有希望了。

这一次审讯赵某燕，何谷山主审，罗学安配合。一个为主，一个为辅；一个唱红脸，一个唱白脸。何谷山承担拉的角色，罗学安充当打压的“帮凶”，一个拉一个打，有张有弛，二人配合得天衣无缝。

赵某燕不配合，又哭又闹，首先是她自己心里那道坎过不了。她出身书香门第，心高气傲，接受不了眼前这个现实。

以前，她是父母的骄傲，北京大学研究生，法学院的高才生，又留学英国，受的是最好的教育。她出国之前是法院的法官、副庭长，留学回来之后是外企高管，年薪百万，算是社会精英。无论在家人还是同学、朋友面前，她都是佼佼者。现在她突然成了“阶下囚”，这个反差太大了。她接受不了，因此一次又一次要死要活，一度闹腾得非常厉害。

如果不出事，她的发展前景十分光明，很有可能成为亚太区的法务总监。她知道，这一查处就什么都没了。她不愿意说，主要是对前途的担心。

何谷山虽然不是学心理学的，但他能揣摩出赵某燕的心理，就跟她做工作，说：“你这是何苦呢？自己和自己过不去。你不就是觉得面子上过不去吗？这有啥？这事并不很丑，是单位犯罪，不是你个人杀人放火……”

这话有作用，赵某燕听进去了。

她比谁都清楚，GSKCI 的所作所为，实际是单位犯罪，在这其中，她觉得她什么都没干。何警官的劝说，多少让她心里获得些许安慰。

每每赵某燕哭闹的时候，何谷山都会耐心劝说，还会找一些书给她看，让她心里充实一些，也为转移一下她的注意力。

何谷山很清楚，稳妥是第一位的，这么大的案子，世界瞩目，千万不能出问题。如果这些对象出了什么问题，案子再成功也不成功了。

在所有被抓捕的对象中，三个女人闹腾得最厉害。一个尹某芳，一个黄某，还有一个就是赵某燕。前两个，侦查员看得出来，她们的闹，不过是对抗审讯的一种手段，那两个人没有真正要死的念头。而赵某燕不同，她的哭闹不是用来对抗审讯的，审讯她不怕，她自诩没有人比她更懂法律，她完全没把警察放在眼里。她是真想不通，真想不通就危险。

做工作，劝说，这是何谷山的强项。

何谷山又跟她分析，说："你这个案子，最后你会被判多久？没多久的，跟你说白了吧，警方要打击的目标不是你们个人，是搞商业贿赂的 GSKCI 公司。你想想，一个 GSKCI 公司把中国的药价抬得多高了？一盒贺普丁，国外一二十块钱就能买到，到了中国，卖到两百多，为什么会这样，难道你不清楚？"

他进一步分析道："你也别老想着 GSKCI 公司，替他们隐瞒，没意义。看见没有，他们都公开道歉了，把你们全都卖了。你还帮他们守口如瓶，值吗？人家把你卖了，你还帮他数钱，你书读那么多，怎么就不明白这个简单的道理呢？"

"啊？是吗？"赵某燕似乎有点儿明白何警官说的道理了。

接着，她看了何谷山给她的 GSK 公司道歉的消息，脸都发白了。

何谷山继续劝说："GSKCI 商业贿赂又不是现在才开始，早在美国也被罚过款，30亿美元。美国人罚了你们公司，中国会坐视不管？别忘了，中国现在已经不是过去的中国了，国力大大提升，拥有强大实力，再也不是任人宰割的时候了。你作为一个中国人，应该一致对外，怎么还帮着英国人隐瞒犯罪事实？你这样做，对得起我们自己的同胞吗？”

“我……”她也难过，说到这上面，她简直都成了卖国贼了。虽然她曾经留学英国，在公司天天说英语，办公也用英文，但在骨子里，她那颗中国心没变，她依然爱着自己的祖国，她并不愿意坑害自己的同胞。

她的心理防线开始决堤。

她开始犹豫了。

何谷山看穿了她的心理，除了面子，还有法律一层屏障。

从进来的那一天起，赵某燕就没把办案的警察放在眼里。她自恃北京大学毕业，熟知法律，一开始就在心里为自己筑了一堵墙。就算GSKCI商业贿赂罪名成立，可她没犯罪，她没有直接参与任何一次公司商业贿赂的行为。说得更直白一点儿，她觉得自己没有留下任何犯罪的证据。从一开始，这个“法律权威”就给自己留好了后路。

那好，既然讲到法律问题，那就跟你谈谈法律吧。何谷山和罗学安都不是学法律的，如果论理论知识，谈法律业务，两位侦查专家都不是赵某燕的对手。很多法律条文，赵某燕张口就来，引经据典，可谓倒背如流。

但有一点，何谷山始终觉得，在刑法的应用方面，他和罗学安都不在赵某燕之下。现在要跟赵某燕谈的就是涉及刑事犯罪的内容，那就跟她讲法律、讲政策、讲形势。

先是何谷山讲，何谷山讲累了，罗学安补充。有时候审讯三四个小时，用罗学安的话说，不能冷场。既不能不停地讲，让人听得烦躁；又要讲现话（长沙话：重复的语言），要让对方烦躁。所以说，什么时候讲什么话，什么时候怎么讲话，还真是门学问，要恰到好处。

两人抓住最重要的一个核心，就是专案组主要是针对单位的，不是针对你们个人的，攻心为上。

赵某燕也许以为，对她的犯罪事实，警方还什么都不知道，那就给她点一些出来。比如，GSKCI 有不少委员会，其中有一个委员会，核心成员就是她赵某燕。

“什么委员会？我是核心？”

“危机应对，听说过吗？”

赵某燕不说话了，算是默认。

还有，北京市工商局曾经对 GSKCI 公司查处，是谁提出了少交或者不交资料？是谁布置开展“桌面清理”行动，从上到下销毁证据？再有，行贿北京工商干部，你能说你一点儿不知情？等等。

这一切都在警方的掌控之中，赵某燕心里的最后一道防线破堤了。不是警察不知道，而是警察在给她留面子。

慢慢地，她的对抗意志弱了，愿意回答警察提出的问题。

赵某燕开始谈一些零散的东西，比如，危机公关问题，对于工商部门的查处，采取的是拖延办法，尽量少交或不交材料，同时开展“桌面清理”行动，销毁证据。而对于基层行贿的对象一般是开除了事，并不是用制度去约束，没有真正管起来。

公司有“两张皮”，一方面制度不许行贿，但事实上，其从上到下都在贯彻一条线：商业贿赂，用贿赂促销售，一切以销售为目标，销售为王，为了销售可以不择手段。

从前面的对抗，到能主动讲些事情，赵某燕有了很大的变化。后来她甚至主动帮助专案组翻译专业方面的东西，如电脑里的文件资料等。

只是，对面前这个现实，她还是很难接受，常常哭丧着脸说所有朋友都看见她这样了，面子上放不下。

大家都担心她出意外，怕她想不开寻短见。侦查员想尽办法，跟她谈心，消除她的思想顾虑，引导她走出阴影。

在审讯赵某燕的过程中，何谷山一度患了耳疾，什么都听不见，在医院住了五天。

可他人躺在医院，心却放在案子上，还没完全恢复就跑出来了，继续审讯。

终于，赵某燕愿意配合警方调查，指控 GSKCI 公司商业贿赂犯罪。

关于危机公关，她交代：

为达到使工商部门对 GSKCI 商业贿赂行为降格处理或者不处理、不调查或者消极调查的目的，GSKCI 专门推出了一种“危机公关”机制。马克锐和张某维指派由法务部经理赵某燕牵头，市场准入部及相关药品营运部门配合，采取贿赂手段应对各种危机，特别是阻止工商行政执法部门对其商业贿赂行为的调查和处罚。

用贿赂掩饰贿赂，这就是 GSKCI 危机公关的核心内容。

2010 年 6 月，因 GSKCI 员工上海张某、广州林某应对工商调查处理不力，由张某维向马克锐提出成立三人小组模式，用以应对危机公关，马克锐批准后执行。

法务部在后台支持米某和梁某，选择米某是因为其父亲是国家干部，本人又有各种人脉；选择梁某是他有副总裁的身份，又方便旅行社套现。这样，赵某燕、梁某和米某就成了三人危机公关小组主要成员。三人危机处理过的地方有杭州、宁波、成都、石家庄、沈阳、合肥等地。

对工商部门危机公关的主要目的是防止工商部门进行深入调查，尽量使其不调查；及时掌握工商调查动态，如了解准备罚款数额和理由，研究以什么样的理由罚款对公司最为有利；同时内部迅速开展“桌面清理”行动，销毁证据。这一切都是由赵某燕主持的法务部出的主意。

同时，法务部对公司内部相关人员进行培训，教他们如何回答工商调查的问题，赵某燕还会提前发邮件通知；张某维也曾多次参加类似的会议，讨论被查的问题，罚金数额、理由等。

而对于针对 GSKCI 商业贿赂的各种举报，马克锐和阿巴斯（GSKCI 新兴市场总裁）都是知情的。2010 年 8 月，疫苗事业部总经理黄某曾实名向阿巴斯举报销售代表贿赂医生，有视频电话，而公司 CEO 则安排审计蒙混过关。

美国有个《反海外贿赂法》，如果 GSKCI 商业贿赂犯罪被坐实，那么，GSKCI 公司就可能面临美国的处理，这是赵某燕这个法务总监非常担心、害怕出现的。

所以，在对待工商部门的查处方面，他们一向的做法就是大事化小，小事化了，千方百计阻扰工商部门给他们定性为商业贿赂，并最终通过贿赂手段使工商部门将其商业贿赂行为改成不公平竞争等。

后来查明，2012 年 2 月到 2013 年 3 月，GSKCI 先后向北京、郑州和上海等地工商行政部门执法人员或相关人员直接行贿 21.1 万元。

主要案例：

一、2012 年 2 月至 11 月，北京市工商局朝阳分局经检科连续两次立案调查 GSKCI 涉嫌商业贿赂问题，均由经检科科长叶某办理。马克锐、张某维指令赵某燕牵头应对。赵某燕一方面要求犯罪嫌疑人黄某指导公司员工销毁、隐匿和不提供涉嫌商业贿赂的相关证据，并在打通关节前尽量拖延提供财务账本等相关证据资料；另一方面，指使梁某、米某、王某浩通过中间人孙某等人对北京工商部门的干部刘某甲（刑拘在逃，后投案自首）和叶某多次行贿，行贿费用共 23 万元，包括给叶某的 1 万元购物卡、6 万元现金，给刘某甲的 8 万元现金。为此，叶某在有详细举报线索和证据证实 GSKCI 存在医药代表虚开发票套现行为时，决定停止对 GSKCI 医药代表使用现金贿赂处方医生的商业贿赂案件进一步调查，并在 GSKCI 不配合工商调查的情况下，指使其科室行政执法人员对有关 GSKCI 商业贿赂的举报不调查和不处理，安排下属康某峰出具 GSKCI 配合调查的证明，帮助 GSKCI 通过了 2012 年的企业年检，仅以 GSKCI 违反《药品管理法》结案，罚款 30 万元了事。2012 年 11 月 8 日晚，叶某在北京昆仑饭店接受 GSKCI 员工王某浩代表送的 1 万元购物卡和两瓶飞天茅台（价值 2720 元）、两条中华香烟（价值 1200 元）。2013 年 7 月，GSKCI 被公安机关查处后，叶某又指使他人将 GSKCI 商业贿赂的部分证据和档案转移、销毁。2013 年 8 月，叶某被抓获。

二、2012 年 9 月，郑州市工商局金水分局对 GSKCI 进行“商业贿赂”处罚，下达了行政处罚 2800 万元的听证告知书。为应对查处，马克锐指派赵某燕牵头，指使梁某、黄某（女）、李某龙和米某通过各种渠道公关，李某龙通过李某和张某某找到某学校副主任屈某某帮忙。屈某某答应了帮忙找郑州市工商局金水分局局长岳某某减少对 GSKCI 的罚款。为此，2012 年 12 月李某龙从翁某雍处取出 10 万元现金用于行贿。此案随后不了了之。

三、2012 年 3 月，上海市工商局黄浦分局南京路工商所对 GSKCI 涉嫌商业贿赂的行为立案调查，由该所办案小组组长邵某办理。为此，马克锐先后指派赵某燕、梁某、张某国、黄某等人应对。这期间，马克锐与赵某燕指使张某国采取公关手段争取工商部门不以商业贿赂定性处罚，赵某燕还指使黄某和张某国对工商执法部门隐瞒 GSKCI 涉嫌商业贿赂方面的证据。为此，2012 年 10 月，张某国将一部价值 4999 元的“iPhone4s”型手机邮寄给邵某行贿。10 月 23 日，上海市工商局黄浦分局仅依据违反《广告法》对 GSKCI 进行罚款处理，对其商业贿赂行为不予处理。事后，邵某还向张某国索要了一份价值 2400 元的疫苗。同时，梁某因上海临江国际旅行社在 GSKCI 有业务需要，请托翁某雍对邵某行贿。2012 年 11 月至 2013 年 4 月期间，翁某雍先后送给邵某一张价值 1000 元的联华购物卡、一条价值 150 美元的

BALLY 名牌皮带，并花费 4000 元请邵某到重庆游玩四天。邵某接受张某国请托之后，在已经对 GSKCI 以商业贿赂调查的情况下，对举报材料中反映的详细线索和从 GSKCI 取得的涉嫌商业贿赂的材料，不作进一步查证；而且不经调查取证，就建议对 GSKCI 以违反《广告法》处理，消极调查 GSKCI 商业贿赂行为，并将举报 GSKCI 商业贿赂的匿名信复印给张某国。在对 GSKCI 商业贿赂链调查之后，邵某还利用担任办案小组组长的职务便利，接受上海临江国际旅行社翁某雍的请托，即调查 GSKCI 案件时，不要调查上海临江国际旅行社的问题。

以下是一段关于赵某燕的审讯笔录（此笔录为开庭前检察官对赵某燕讯问的笔录）：

问：你是怎么到案的？

答：2013 年 6 月 27 日，公安人员（有长沙公安人员以及北京公安人员相配合）到我北京的办公室找到我，要求我主动协助他们调查 GSKCI 涉嫌对非国家工作人员行贿一案。随后我主动配合他们去了长沙。2013 年 6 月 28 日早上，何谷山等公安民警带我从北京上了火车，到长沙后我们直接到了我后来被监视居住的长沙市开福区德雅路 732 号的颐天宾馆。

问：你任 GSKCI 法律事务总监的职权职责有哪些？

答：一、及时跟进法律法规进展，并向管理层和员工进行介绍。二、审理并草拟公司的法律合同。三、与外部律师合作处理公司的行政诉讼、仲裁案件和刑事案件。四、参与业务发展项目（简称 BD，包括收购、兼并、设立合资企业）的谈判。五、对公司人员进行法律培训。六、向公司的新兴市场总法律顾问和总部律师汇报中国法律情况。七、与专利律师、商标律师合作处理专利商标事务。八、负责领导法务部对 GIGO 即《与政府官员交往指南》、《GSKCI 公司回应和处理政府调查指南》等与政府相关政策进行制订。

问：如果发现公司在经营管理过程中有违反法律法规的情况，作为法务总监你的职责是什么？

答：我应该及时将经营管理过程中的违法违规情况提交公司的管理层讨论，再决定是否以及如何向我的上一级葛兰素史克公司新兴市场的总法律顾问 Brian Cahill 汇报，并将违法违规的情况转给合规部，由合规部进行调查。

问：马克锐的“Selling Led”理念和口号你是否知道？

答：知道。马克锐来到中国之后任处方药部总经理的时候就提出了这个口号，并在公司内部大力提倡“一切为了销售”的理念，我们平常就叫“以销售为导向”。

问：马克锐提出上述理念后，在 GSKCI 内部的经营管理中出现了哪些变化？

答：第一，大规模地扩招销售代表。从马克锐来之初大概有 1000 名销售代表，到后来增加到大概 4000 名，以每年招一千人的速度在扩张。第二，大幅提高销售费用。一方面体现在推广费用的提高，另一方面我们公司增加了给销售代表的预付费用，销售代表用于销售推广的环境更宽松。第三，销售代表的业绩及奖金与销售量变得紧密挂钩，销售代表的基本工资比较低，收入主要靠奖金，而奖金主要是跟销售量挂钩的，公司的人力资源部还出台了“非常6+1”、精英俱乐部（Elite Club）等奖励政策。第四，销售部门的地位大大提高了，体现在公司对于销售部门的管控措施大大降低了，公司和马克锐指示支持部门为销售部门提供大力支持、不要设置门槛，所以导致了对于合规合法的忽视和不合规不合法的纵容。

问：在“以销售为导向”的口号宣传下，GSKCI 的销售上出现了哪些法律法规问题?

答：在对销量大力提倡的文化背景下，我们公司内部审计发现了销售代表使用假发票套取现金用于行贿医生行为，合规部也接到了销售代表或匿名举报公司存在销售代表行贿医生的问题。

在风险控制管理委员会上，我们也讨论过一两次上述问题，合规部对此先进行了调查。马克锐对我们说，这只是个别销售代表的问题，后来我们讨论的结果是证据不属实，之后也没有在公司内部作进一步的整改和处理。

特别是 2013 年 4 月 23 日在上海召开的一次风险控制管理委员会会议上，倪有福向 GSKCI 新兴市场总裁阿巴斯和 GSKCI 新兴市场合规官 Sabina Sudan 汇报了 2012 年度 GSKCI 赞助、资助会议和项目以及支付专家教授讲课费用等内容，我印象特别深刻的是，2012 年度我们公司的这些费用总计达 4 亿多元人民币，对单个医疗保健人士发放费用最高达到 8 万多元人民币。

其实了解到上述情况后，我自己心里还是担心公司这样只注重销售、忽视合规合法，会存在销售代表行贿医生的问题，而这样会导致中国政府的调查和严厉处罚。但是为了支持马克锐在中国的发展业绩，我还是纵容了马克锐一意孤行的行为。

问：马克锐提出上述口号后，你领导的法务部是否做出了响应？

答：主要体现在：一是2012年全国爆发大规模的工商部门调查事件后，我领导法务部门指导公司销售等部门掩盖了公司的商业贿赂问题；二是在工作中碰到和意识到公司可能存在商业贿赂问题的时候，我没有严格地按照法律规定去提醒公司和马克锐注意合法合规的问题，没有尽到法律部门负责人的监管职责，反而是在公司出现工商调查问题的时候，帮助公司掩盖了商业贿赂的问题；三是在发现公司有不合法和不合规问题的时候，在向上一级 Brian Cahill 汇报时没有按照实际情况汇报，只汇报了 GSKCI 积极正面的东西，而对于工商部门以商业贿赂调查 GSKCI 时，我们隐匿以及拖延提交证据的情况，没有进行汇报。

问：你说一下"纵容马克锐一意孤行的行为"的具体做法。

答：我举两个例子吧。一是对 GIGO 即《与政府官员交往指南》的修订。我们总部有政策 007 规制我们如何与政府官员交往，在中国我们有《中国与政府官员交往指南》，指导如何与政府官员交往。其中医院院长、副院长，疾控中心主任、副主任被定义为政府官员，也就是与他们交往有更严格的政策，相比较于医疗保健人士而言。去年 Mark 提出院长也被列为政府官员不妥，交给我一个任务，与总部沟通更改这个地方政策。

我做了大量工作，最后按照马克锐的要求，将院长的概念从公司对中国的政策中去除。我还特地与总部的合规官沟通，他们通过审核也同意改进地方政策，即政府官员的定义中不再包括"院长"概念。

二是公司为了刺激销售，试图再修改《推广与营销指南》。在一次风险控制管理委员会讨论会上，马克锐提出现行《推广与营销指南》中关于不得在科室会上发讲课费的要求不合理，要求公司有关部门负责人张某修改此规定。

我和张某都认为，科室会是法律风险最大的一块。如果再放开让销售代表支付讲课费，那简直是开了个大口子。我当时为了支持马克锐，没有站出来坚决支持张某，没有尽到法律部门负责人指导公司遵守中国法律的职责。不过后来这事也不知怎么搁置下来了。

问：你是否清楚《药品管理法》第五十九条及第九十条的内容？

答：非常清楚。因为北京工商部门也是以《药品管理法》第五十九条处罚我们公司的。当时我们公司接受了北京工商部门的这一处罚，因为公司确实意识到存在《药品管理法》第五十九条禁止的给予药品的医疗机构的负责人、医师等有关人员利益的违法情形。

问：你对于公司存在贿赂销售的行为是否知情？

答：我是知道的。因为公司内审和合规都查出了一些销售代表行贿医生的问题，而且2013年4月23日我参加的一次在上海召开的风险控制管理委员会会议，倪有福还向新兴市场的领导汇报过公司提供赞助以及向医疗保健人士提供各种费用的情况。但是在我心里没有引起重视，我以为贿赂的问题没有这么严重。

问：作为GSKCI的法务总监，对于公司没有遵守上述条款，你负有什么责任？

答：为了支持马克锐，作为法务总监我没有提供专业的法律意见，劝阻马克锐的不当行为，为公司实施这些贿赂行为提供了某些帮助。

问：全国工商部门对 GSKCI 开展大范围调查，你是怎么应对的？

答：我按照政府调查指南的要求，应对工商部门对我公司的调查。我的职责主要是参与应对策略的执行。公司提交给工商部门的材料，由法务部审核把关，将案件进展情况向公司最高管理层汇报，对下一步应对的方案向高层提供法律方面的建议，督促及指导各地危机具体负责人处理调查危机，总而言之，在应对全国各地工商调查危机一事上，法务部门是责任部门，而我负责总的协调和上传下达。

问：应对工商的调查你具体做了哪些事情？

答：为应对工商部门的调查，2010 年我领导法务部对《应对政府调查程序指南》进行了修改，委托律所起草了《回答指南：回答工商行政管理部门与商业贿赂有关的询问》。

为贯彻公司 G4 确定的方针，妨碍工商行政管理部门对公司的调查和处理，我为公司人员提供了具体的指导：一是指导公司人员隐匿证据，如要行政部门通知所有员工将桌面清理，指使财务总监叶某如将电脑从办公室拿走；二是指导公司人员有选择地提供或拖延提供财务账，所有材料在提供给工商部门之前，必须先交法务部把关；三是对梁某、米某、张某国等负责人的处理进展作出具体指示；四是指导旅行社负责人如何应对工商检查。

……

十九、探索与发现

面对数十名犯罪嫌疑人，这些人在不同的行业、不同的岗位、有着不同的文化层次和性格特点，如何迅速取得突破，并将获得的口供串联起来，形成证据体系，这是专案组面临的一大难点。

根据专案组掌握的情况，GSKCI 商业贿赂的主要涉案人员已经基本到位，财务数据、相关的电子文档也已基本到位，审讯、取证工作都在有条不紊地进行。随着各侦破组对案件的突破，GSKCI 商业贿赂犯罪的事实已经铁定构成。可这起案件非常复杂，既有单位犯罪，又有个人犯罪；既有单位行贿犯罪，又有个人行贿犯罪，还有个人受贿犯罪；既有非国家工作人员受贿犯罪，又有国家工作人员受贿犯罪，案中有案，对象后面还有对象，头绪十分繁杂，侦查方向如何把握？如何取证？如何继续深挖？案件的重点在哪儿？难点在哪儿？

这对于一般人来说，简直如雾里看花，而对于所有侦查员来说，专案高层指挥机构早已明确，重点突破 GSKCI 商业贿赂问题，将目光集中在单位犯罪。

那么，单位是怎么犯罪的？是通过什么手段实施犯罪的？

眼下，除了张某维没有实质突破，其他几个侦破组都从不同侧面揭开了 GSKCI 商业贿赂的面纱。

然而，任何一个小组的突破都是局部的，对于整个案件的侦破来说，也是分散的、微观的，如何总体把握整个案件，眼下还是个短板。

对于整个案件的侦查，一切都在公安部经侦局的掌控之中，大到侦破方向的把握、大的行动部署，小到对象的审讯，专案指挥部、经侦局领导都会精心安排，使整个案件侦查稳步向前推进。

然而，侦查过程中的细节，甚至一些关键节点，指挥机关不一定看得那么细微。这么大的案子，既要有宏观决策层的精准指挥，又要让所有侦查员充分发挥潜能，发挥主观能动性，上下同心，才能其利断金。

在专案组，在侦破一线，许多侦查员表现出了卓越的才能，有沉着机智成功抓捕犯罪嫌疑人的，有巧妙周旋成功拿下顽固对象的，有坚持不懈获取重要证据的，大家都在为专案的成功侦破不懈努力。

其中有一个人，对此案侦破起到至关重要的作用，此人叫李晖。

前期他参与了抓捕行动，和队友一道成功拿下翁某雍。后来，专案组成立综合材料组，陈耀松副支队长任组长，他任副组长。这个时候，他已经不是冲锋在抓捕的一线，也不是战斗在审讯的前沿，而是每天跟文字打交道，跟材料打交道，充当的是专案主办内勤的角色。

他的任务，一是对全案的质量负责，每天要及时审查来自全国各办案点、各个信息渠道的专案材料，掌握进度，排除和督促整改有瑕疵的证据；二是负责梳理第一手材料，发现有效线索，提出侦查计划，为专案组领导层的决策提供参考和依据；三是每天对接和指导各办案点审讯和外调的一线侦查工作；四是参加各种专案会议，做好和督促落实会议记录，并每天汇总，发简报，做宣传，有点儿像专案组的“大总管”。

在担任专案内勤和材料组副组长期间，李晖详细记录了数十万字的侦查笔记，制订了全案三个主要的侦查计划和多达 110 个各方面讯问（询问）提纲、取证提纲等侦查提纲，制作了侦查方面的全部综合性案件材料。

而在制作、处理大量文字材料的过程中，李晖不仅仅埋首阅卷，他的脑中一直在思考，在分析，在探索。

有探索就有发现。

只要用心，铁棍都能磨成针。李晖在材料堆里寻找蛛丝马迹，终于有了惊人的突破。

从 7 月到 8 月，专案组才开始真正对 GSKCI 公司进行全方位调查。8 月 6 日，李晖牵头制订了一个专案侦查提纲要点，即《5・09 专案单位犯罪的侦查提纲要点》，初步探讨了 GSKCI 单位犯罪的集体意志、单位行为和单位获利架构，基本指明了全案的证据体系。此后侦查的重点就是单位的意志、行为和获利情况。

以前，专案组实际上只查了单位的行为，但仅仅查了具体行为，这远远不够。9 月上旬，李晖重点对前两个月的侦查成果进行了研究、甄别和剖析，从药品准入、药品推广和危机处理三个大的侦查方向三十余个待侦事项中，梳理出处方药团队贿赂医生、大客户团队贿赂药剂科、疫苗部冷链项目贿赂疾控中心、与外包单位泰凌共同贿赂医生，以及对工商部门国家工作人员行贿的五条犯罪线。经过经侦局专案组领导批准后，将这五大块犯罪事实作为专案组侦查 GSKCI 商业贿赂犯罪的基本侦查内容。

这样，五条线中的每一条线都有了具体落地。

随后，李晖又着手制订了每条线的侦查计划，对每条线的侦查目的、前期查明的事实和证据，下一步侦查工作的具体对象和内容都详细列明。

客观地说，这一侦查方案的设计可操作性强、工作目标明确，极大地提高了一线侦查员的积极性和工作效率。

侦查向纵深拓展，不久又有了新的突破。

当时专案组找了一百多名医生。GSKCI 公司有一个全国医生名单，名单里有十万名医生，涉嫌受贿的有两万多名。当时考虑的是，是不是要对每一名医生都进行取证？

但这样工作量相当大，打击面也很大，于是指挥部提出了一个设想：抽样印证。怎么抽样？确定这个名单，专案组曾经伤透脑筋，究竟抽什么地方？最后湖南公安方面做出了巨大牺牲，从湖南抽。

这是国家大案，先服从，先取证。因为专案组前期办案过程中抓了两个业务员，一个是郴州的，一个是娄底的，最后就抽了这两个地方（后来还包括长沙）。通过这一百多名医生的证据，GSKCI 商业贿赂从上到下基本就落了地。

下一步，怎么证明单位犯罪？

行为有了，但这个行为是代表性的行为，不是全部的行为。那么怎么用代表性的行为来证明单位犯罪？单位有没有集体行贿的主观意志？单位行贿意志怎么确定？

认定单位犯罪，需要明确三点：其一是单位犯罪意志，要找出单位明显的犯罪意图；其二是犯罪组织；其三是获利、金额问题。

GSKCI 单位犯罪行为已经有了突破，为此专案组前期做了大量工作。

湖南抓了一个姓谭的（谭某星），一个姓尹的（尹某芳），往上查，就发现二人是受了梁某的指使授意。

尽管侦查有了突破，但事实上调查 GSKCI 单位犯罪举步艰难。一方面，从公司的高管到员工，没有一个人说过贿赂的事情，没有一张字据、现成的数据体现出单位行贿；另一方面，从单位的规章制度看，没有一条准许贿赂，所有的制度条文都规定了严禁行贿。而且，从单位的机构设置看，还有专门的监督机构——合规部，其职能就是对行贿行为实施监督。

可以说，从一开始，这个公司就想好了退路，它天天都在干着行贿的勾当，整个公司的销售就是带金销售，行贿渗透了这个公司的每一个角落，但从表面上，你找不到它的一点儿破绽，它合规合法，冠冕堂皇。

专案组对合规部进行调查，从 2009 年到 2013 年，公司每年辞退 40 至 50 人，均以使用假发票报账来处理，而不追究报账后的用途——贿赂医生，宁愿以员工套现侵占财物将其开除辞退，也不深究其真实用途——行贿。

明明是行贿行为，就是不以行贿名义辞退，这就是他们行业的潜规则。

马克锐接手公司这几年，没有一个员工是因贿赂问题被处理的，全部是因为“职务侵占”。在公司监督下，你必须去贿赂，不贿赂不行，但又不能说是贿赂。你去对接哪个医院哪个医生，我给你多少钱贿赂，10%也好，8%也好，6%也好，你必须拿发票来报销。要求员工行贿，但又不敢公开承认，这就是这个公司的内幕。

他要捂住，你要把它撕开，世间的事情往往是这样，躲藏容易，寻找太难。专案组的任务，就是要撕开其伪装，寻找背后的真相。

这项工作非常艰难，但专案民警却义无反顾，勇往直前。

认定一个单位犯罪，一要从单位意志下手，寻找突破；二要从单位行为下手，发现问题；三要从行贿金额及获利状况寻找突破。专案组已经掌握了 GSKCI 单位行贿行为的大量事实，显然，下一步需要从单位犯罪意志、行贿金额及获利状况取得突破。

其实，这个单位的犯罪意志早已存在，早已刻在 GSKCI 高管及员工的骨子里。而行贿金额及获利状况也早已存在，只是有待进一步发现。这两点，可以说是整个侦查工作的难点。

只有从高管入手，因为单位犯罪意志跟员工没有多大关系，只有核心层才可能有这个意志。

专案组已经抓了公司的四大高管，其中三个都已招供，供认了公司单位犯罪的事实，唯独那个副总裁兼人力资源部总监张某维只字未吐。此人被称为公司的“精神教父”，是 GSKCI 的灵魂人物。

专案组在调查中发现，梁某也好，黄某也好，赵某燕也好，他们并不害怕公司总裁马克锐，却对张某维敬畏有加。

这几个人的关系有些微妙，马克锐是老板、总裁，行政上其他人唯他是从；而张某维是副总裁，在其他高管包括下面的管理层的心里，又唯张某维是从。而在高管之间，马克锐又唯另一个人是从，此人是赵某燕。

公司犯罪的意志显然出自这些人，要么出自高层集体共识，要么就是马克锐一人的意志。目前的侦查表明，马克锐的行贿犯罪意志已经显露出来。有其他三个高管的供认，这是重要的证据，但显然还不够，还必须继续寻找更多的新证据，来证明马克锐代表单位行贿的犯罪意志。

怎么寻找?

李晖做出了努力。

这一年的 9 月底到 10 月，李晖直接指导望城经侦、五大队、四大队，对 GSKCI 的“精神教父”张某维进行了一系列的政策攻心和法治教育。

通过将张某维和另一公司高管陈某波反复相互印证，使张某维深刻认识到，其领导 GSKCI 人力资源部对公司贿赂销售思想的宣传、引导和鼓动，以及提供的相关政策帮助，是 GSKCI 触犯中国法律的重要原因之一。

在此基础上，李晖随即又直接指导五大队贺文立在上海对 GSKCI 商业卓越部系统进行调查取证，终于彻底查明 GSKCI 单位犯罪的主观故意。

10 月，李晖配合公安部经侦局王良处长撰写了《5·09 专案证据体系概要》。

10月27日，最高检、最高法、公安部、湖南省政法委、湖南省公安厅在长沙召开“5·09”专案会议。《5·09专案证据体系概要》获得了两高、公安部经侦局领导在案件定性上的认可，这也进一步鼓舞了专案一线侦查员的士气。

除此之外，李晖在阅读赵某燕海量的电子邮件过程中，发现了2012年赵某燕向GSKCI财务记账部门调取的一份《葛兰素史克（中国）投资有限公司2012年度报销费用——指定会计科目查询》，其中赵某燕对该公司的“6751科室会、院内会、6440业务招待费、6748会议费用”等科目进行了关注并索要了数据。

为什么用这些数字代码记账？这些不同数字组合分别代表什么？

李晖敏锐地意识到，这些会计科目记录和考核的就是GSKCI用于行贿的资金。

后经进一步查证，果然如此。

李晖的这一发现，又打开了一个缺口，为后来的取证提供了一个新的方向，揭开了GSKCI商业贿赂的一条新的证据链。

不断地探索，不断地发现，GSKCI商业贿赂犯罪日渐昭然于天下。

二十、“冷链项目”

为什么 GSKCI 这样的国际知名药企会找临江国际旅行社这样名不见经传的小旅行社作为合作伙伴？

随着案件侦查向纵深拓展，人们终于发现，GSKCI 的这一选择也是煞费苦心。

GSKCI 要疯狂地扩大它的销售，要占领全中国的市场，要把别人口里的食物夺走，就必须采取非常手段、非法手段，商业贿赂即是一条终南捷径。

它必须通过商业贿赂实现销售第一的目标，但是，从上到下，他们的任何一条规章制度都规定了不能行贿，不能带金销售。

怎么办？

出路只有一条，找人帮忙行贿。“有钱能使鬼推磨”，只要肯出钱，没有干不成的事情。临江国际旅行社就这样成了他们的首选对象。临江是小旅行社，所以没人注意，方便操作，套现快，船小好掉头。

GSKCI 为什么找临江做业务？专案组在调查中发现，其一，确实是工作需要。其二，GSKCI 公司财务制度不准商业贿赂，需要临江来顶替、代劳，为之套取现金行贿。其三，市场部吃的回扣，应有部分给医疗专家；作为特别需要，每个产品在全国都有一个全国性专门顾问委员会——以医院专家为主，与医院专家联系的可以是医药代表，但送钱送物最好不要由医药代表出面，召开各种类型的会议最好也不要由医药代表出面，全交给旅行社办，风险就转移了。

比如，2012 年 1 月，GSKCI 要向某预防医学会捐赠 30 万至 40 万元。这笔钱打到临江账上，翁某雍就去采购 iPad 若干，在海南召开医药代表会议时予以发放，然后由代表们将这些电脑送到疫苗接种点，并按照疫苗销售量来决定馈赠的档次和数量，这就是典型的带金销售。

这种开会送财物促销，还只是小打小闹。

GSKCI 要干成一件大事，往往经过深思熟虑，制订出详细的方案。“冷链项目”，即是一个典型。

何谓“冷链项目”（又称“冷链计划”）？指的是疫苗销售。GSKCI 有个疫苗事业部，其管理属于 GSKCI 的独立事业部，向 GSKCI 在比利时的全国疫苗事业部总部汇报。2009 年，当马克锐来中国的时候，中国疫苗事业部负责人是陈某波，向黄某梅汇报。2010 年，陈某波开始向 GSKCI 中国疫苗事业部总经理李某忠汇报。

2008 年，GSKCI 的疫苗在中国的销售额是 6120 万英镑（相当于 55080 万元人民币），毛利 4160 万英镑（相当于 37440 万元人民币），净利润 2300 万英镑（相当于 20700 万元人民币），这个销售量已经很大了。

但中国市场远远不止 GSKCI 一个疫苗供应商，还有很多医药公司，既有国内药企，也有其他跨国药企。中国市场太大，是一块巨大的蛋糕，多家药企来分这块蛋糕，对中国来说是一件好事，可以形成良性竞争。可是，此时 GSKCI 中国区出了一个“疯子”经理，此人叫黄某梅，她在2008年提出了一个口号：疫苗销量要达到“两年翻三番”的增长。

怎么实现“两年翻三番”的目标？

疯狂的目标只能通过疯狂的手段来实现。一切正常的、合理的、合法的手段都无法实现这样的目标，强逼之下必违规。

为了完成“两年翻三番”的增长任务，为达到打压竞争对手赛诺菲的巴斯德疫苗、推广 GSKCI 疫苗的目的，时任疫苗事业部全国销售总监李某龙向疫苗部总经理陈某波提议，向国内部分疾控中心、疫苗接种点配送“实物”。

贿赂是一把万能的钥匙。俗话说，“有钱能使鬼推磨”，“重赏之下必有勇夫”。总经理陈某波、销售总监李某龙、市场总监屠某明、财务总监林某祯几个人一商量，觉得这是个好办法，疫苗销售要在两年内实现“翻三番”的目标，只有行贿，走商业贿赂之路，除此别无他路。

可要贿赂又不能明着来，只有“曲线救国”，掩人耳目，实际上就是掩耳盗铃。“实物”怎么送？送给谁？通过什么渠道？

显然，陈某波和他的这些手下一个都不能出面，那叫谁出面呢？临江国际旅行社是最适合的选择。

但临江国际旅行社也不能直接送钱物给疾控中心和疫苗接种点，人家凭什么收你东西？

送东西是有讲究的，收东西也有讲究。

看来，这送东西还需要找一个中间协调的人或者机构。找某个人风险太大，没人愿意担这个风险。可要找这样一个机构，谁跟疫苗有关联？什么机构能左右疾控中心？什么机构能够联络疫苗接种点？只有一个机构：某预防医学会，一个部属行业协会。

陈某波等人最终决定：借助某预防医学会的名义，指定“上海临江国际旅行社”为物资采购商，对全国疾控中心、疫苗接种点按照“达到一定销量，配送一定物资”的方式，配送山地车、冰箱、液晶电视机、电动车、汽车等物资，以推动销售为目的，此即“冷链计划”。

目标确定，随即落实。

找人好办，GSKCI 人脉极广。只要能达到目的，他们可以不择手段。通过各种关系，他们找到了某预防医学会的时任会长，达成协议。无非就是给钱，GSKCI 捐赠了 1460 万元给该协会（实收 156 万元，其余部分由该协会再打给临江国际旅行社），由该协会组织活动。在整个过程中，GSKCI 始终站在岸上，送东西的是旅行社，挂牌组织的是某预防医学会，终端接受财物的是疾控中心、疫苗接种点。

疾控中心也好，疫苗接种点也罢，他们表面上接受的不是 GSKCI 的东西，跟 GSKCI 没有丝毫关系，这是某预防医学会的活动，为了规避风险，在合同上还明确此活动是公益项目。一切都做得天衣无缝。

项目计划书不涉及任何销售，并且规定销售代表不得参与“冷链计划”。该项目当时的负责人为时任流感疫苗“福禄立适”

产品经理高某玮，该计划获得了 GSKCI 中国香港区财务总监德某克及中国区计划管理黄某梅、李某仲的批准同意。

获得高层批准同意后，该计划随即予以实施。

全面推行此计划，一是要加强培训。2008 年，疫苗事业部做了一个“2008 年福禄立适品牌计划”PPT，在疫苗管理委员会演示后，获得管理层的同意和认可。在 2008 年至 2010 年疫苗事业部季前会、季度会上，高某玮等向疫苗事业部管理层、全体销售代表讲解该计划，并对全体销售代表进行了实施“冷链计划”的培训。二是要筛选目标。培训后，即需筛选目标客户，确认销售数据，配送冷链物资。物资配送前，市场部和销售部要确认疾控中心、疫苗接种点的实际销量是否达到预期，将已达到预期销量的可配送物资的客户名单及相关信息通报到临江国际旅行社，再由临江国际旅行社采购物资，按照指令通过快递将物资配送到疾控中心、疫苗接种点；当地销售代表与快递人员一起将物资配送到位后，疾控中心、疫苗接种点签收并将回执单交给销售代表归总至 GSKCI 公司市场部，此计划得以落实。

2008 年、2009 年、2010 年，GSKCI 公司分三次与某预防医学会签订合同，合同金额分别为 470 万元、500 万元、490 万元，共计 1460 万元，某预防医学会以税费、管理费名义分别收取 47 万元、55 万元、54 万元（共计 156 万元）后，将余额付给 GSKCI 指定的物资采购配送商上海临江国际旅行社。该社收取 10%的服务费后，分三年分别采购了 335 万元、354 万元、342 万元（共计 1031 万元）物资，按照 GSKCI 公司的指令配送给各个疾控中心、疫苗接种点。

通过“冷链计划”，GSKCI 公司疫苗销量得到飞速增长。2008 年销量达 6120 万英镑，毛利 4160 万英镑，净利润 2300 万英镑；2009 年销量达 10680 万英镑，毛利 7070 万英镑，净利润 4150 万英镑，成功超过赛诺菲巴斯德制药公司；2010 年销量达 11130 万英镑，毛利 6540 万英镑，净利润 3200 万英镑，成为中国国内疫苗销售量排名第一的公司。

陈某波在 GSKCI 商业贿赂案件中，扮演了一个重要的角色，甚至可以说是一个关键人物。

可此人一开始并不在专案组侦查员视线范围内。因为他于 2012 年年底就离开了 GSKCI，去了美国华平投资集团香港办事处医药产业任高级顾问。

陈某波为什么离开 GSKCI？干得好好的为什么辞职？这是一个谜。

还有一个谜，陈某波辞职离开 GSKCI 的时候，公司给了他 500 万元人民币。

人走了还给 500 万元，这又是为什么？

这件事，只有张某维、马克锐几个关键人物知道。

究其原因，即陈某波在 GSKCI 所干的、所知道的事情太多。说白了，就是 GSKCI 商业贿赂的事情他不仅自己干了，且很多细节他都一清二楚。

人要走了，千万不能让他说出公司的秘密。

怎么让他不开口？只有砸钱！钱是个好东西，可以让人家开口，也可以堵住人家的嘴巴。这是 GSKCI 的一贯做法，用新的贿赂掩盖老的贿赂。

陈某波本来跟张某维的关系就很铁，陈某波要离开了，正是他的铁哥们儿张某维向马克锐建议，给他 500 万元。

马克锐怎么会同意给他 500 万元？他不是傻子，自己公司没有鬼，他怎么肯出这个冤枉钱？这个口得封住。500 万元就是封口费。

拿出这 500 万元，张某维想得很远，马克锐也跟着看得很远。如果有一天，他们商业贿赂的事情穿帮了，只要陈某波那条线不出来，对公司的定罪就少一个重要的筹码，犯罪事实就少了一大块。

可他们万万没想到，他们碰到了长沙警察。

在上海大都会的人的眼里，这些警察的确有点儿土，可在这些警察身上却有种不可抗拒的力量。警察是国家和人民的卫士，而这些长沙警察身上，除了警察的共性之外，还有一点与众不同，湖湘文化的精髓已渗透到了他们的骨子里。

湖湘文化的一个显著特点，就是吃得苦，霸得蛮，心忧天下，敢为人先，明知不可为而偏要为之。之所以此案落地长沙，由长沙警察来侦破，不能不说与长沙人、湖南人的“霸蛮精神”有关，与湖湘文化的底蕴有关。

张某维早就想好了，把陈某波这条线盖住，谁都发现不了。

可是，哪里盖得住啊。专案组从临江国际旅行社的账务上发现了旅行社如何虚开发票来套取费用；买那么多物资，往全国各地的疾控中心、疫苗接种点送东西，山地车、照相机、汽车等，这是要干什么？往深里挖吧，底下肯定有富矿。

审讯翁某雍，抓住这个人不放。

最初，翁某雍不肯说出陈某波。陈某波是他哥们儿，两人关系极好。翁某雍这个人有点儿江湖义气，不肯出卖朋友。

专案民警抓住了他这一点，给他做思想工作。民警告诉他，这不叫出卖朋友，这是维护法律的尊严，是坚持正义。

最终，他交代了陈某波，交代了“冷链项目”。

警方抓捕陈某波的行动，有点儿传奇色彩。事实上，陈某波早就料到警察会抓他，他一直在逃跑。

有一次，陈某波在从宁波回上海的路上，他妻子打电话要他赶快回家。陈某波回到上海的家中，躲了三个小时，得知 GSKCI 的四大高管均已被抓，自己很可能已被警察盯上，他便逃往了安徽，躲在九华山一间民房内。

警察跟踪追击，撒下天罗地网，最终在他的藏身之地将他抓获。抓他时，他身上有五台手机、十个号码，整个人犹如惊弓之鸟。

陈某波到案后，被羁押在上海。从 7 月到 9 月一个多月时间里，警方多次审讯，陈某波未吐半句。

高峰政委指出，陈某波是 GSKCI 单位犯罪的重要嫌疑人、“关键人物”，其犯罪证据是整个证据链的重要环节。而疫苗业务是对国家工作人员行贿，可能增加对单位犯罪——行贿罪证据分量。因此陈某波必须突破。

9 月 5 日，高峰政委决定将陈某波移交长沙专案组审查。这天下午，上海经侦总队一行六人押解陈某波、谢某（陈某波妻子）两名犯罪嫌疑人到达长沙，交朱耀红一组处理。

张慧副局长要求五大队在三天内拿下陈某波。

限期三天，必须突破。这对专案民警来说似乎有点儿难。陈某波在上海已经羁押了一个多月，什么问题都没交代，到长沙却限期三天突破，是不是天方夜谭？

五大队副大队长王铁托和业务能手龙罗平迎难而上，开始审讯。大队长朱耀红和教导员黄佳也亲自上阵。

第一天，陈某波什么都没说，一直沉默，任凭朱耀红他们怎么做工作、讲政策，就是不开口。

这有点儿麻烦，照这么下去，三天怎么能拿下这个人？

事情似乎没有半点儿希望。

可没有想到的是，第三天，陈某波竟什么都说了，自己受贿的事情，GSKCI 商业贿赂的事情，交代得非常彻底。

刚从中国刑警学院毕业参加工作不久的贺文立在做记录时，都有些不敢相信。

这陈某波不是开玩笑吧？可一验证，他所交代的问题件件属实，跟专案组掌握的情况一致，这让人感到纳闷儿。

审完之后，教导员黄佳问陈某波：“你今天怎么想通了，这么主动交代问题？”

陈某波说：“其实我第一天就想交代问题了，主要是担心对不住上海的同志。一来就交代问题，没给上海的同志留一点儿面子，所以第一天没说。”

那为什么第三天就说了？原来，这里面有段鲜为人知的故事。

在上海羁押的时候，上海警察告诉陈某波，在上海你不交代，以后到了长沙有你受的。这话原本就是个玩笑。也许审讯陈某波的警察也只是想让陈某波早点儿开口，就随便编了一句谎言。

可谁知，陈某波还把这话当真了。

他心里本来就有一种抵触情绪，这样一吓，他反倒要看个究竟。于是他在上海干脆什么都不说，扛了三十多天。

结果，他到了长沙之后，发现根本不是那么回事。

长沙的警察没有歧视他，没有虐待他，没有把他当坏人看待，他和警察一样，同吃同住，只是不让出大门。

他发现，长沙警察都十分和蔼可亲。尤其吃饭时，还特别关心他。最初他不习惯吃辣椒，警察还特地送来没有辣椒的饭菜。到了后来，他竟还会去找黄佳要辣椒吃。

警察的政策早就宣讲到位了，三十多天没吐半个字，他自己都感到快憋不住了，于是一吐为快，把什么都说了。这个人就这么“轻而易举”地“下山”了。

陈某波交代：一、2006 年 4 月至 2007 年 11 月，他担任 GSKCI 战略发展总监，负责药品经销权外包等业务，在此期间，利用职务便利，为南京杜瑞医药有限公司获取 GSKCI 伯克拉喷雾剂的全国总经销权提供了帮助，南京杜瑞医药有限公司法人代表为感谢他，分两次送给他 18 万元人民币，犯非国家工作人员受贿罪。二、参与 GSKCI 的商业贿赂，犯对单位行贿罪。

陈某波说，GSKCI 公司不仅大力推行商业贿赂，还极力排挤同行。推行“冷链计划”就是一个典型。这个计划把 GSKCI 公司推上了疫苗的全国龙头老大的地位。

他介绍，看上去他们是在搞慈善捐助，以赞助为名义，实际上这是一个典型的现金促销项目。当时，公司制订了疫苗的销售总目标——疫苗销售业绩两年翻三番，在中国要做到同行业第一。

这个要求其实是很高的，必须想办法才能达到目的。要在短期内实现公司业务迅速增长，只能采取超常规做法，所以，“冷链计划”应运而生。

此计划具体执行原则如下：

——计划锁定每类区县80个，接种点1200个；

——所有不能用助动车的城市将发放“冷链配送山地自行车”；

——所有冷链配送车将赠冰包一个；

——所有支撑项目将在疫苗进货完毕后由CPMA委托NT统一发放……

利用某预防医学会的品牌，捐赠汽车、电动车等物资给各地疾控中心，名为慈善捐助，实为以现金、实物贿赂促销，从而提高公司疫苗的销量。

陈某波说：“参与的部门，除了疫苗事业部的销售，还有市场、商务、财务整个管理团队。比如，法务部说，只要你不提跟销量挂钩，我们就批准你的项目，你只要不写‘带金销售’，在合同中不体现这些内容（即‘商业贿赂’的字眼），我就把项目批给你。”

为了规避风险，摆脱追查，公司还采用委托第三方管理的模式，指定了临江国际旅行社为服务商。

陈某波称，采购物资（汽车、电动车等），如果将钱直接打给旅行社，不行，违法违规；而打到某预防医学会就不违规，也不违法，所以就打到某预防医学会，该会扣除了管理费以后，再打给临江国际旅行社，合规合法，天衣无缝。

“冷链计划”于2008年10月启动，陈某波一直是这个项目的总负责人。

他说：“有某预防医学会这块金字招牌，各接种点都愿意接受。我们的人在家做个配送，他们都知道是GSKCI公司配送的；但他接受的时候，如果他上级单位来问，就说这是医学会的项目，所以它有合法性，可避人耳目。”

披着捐赠的外衣，实则为推销疫苗，这就是GSKCI公司“冷链计划”的真实面目。

这个“冷链计划”给GSKCI公司带来了巨大的效益。

花巨资贿赂，换来的是疫苗在中国销售量第一名的成绩。完全可以设想，如果又来一个疯子总经理，要把某种药物弄成中国销售量第一，又得有多少人帮助GSKCI行贿，又会有多少人受贿？

中国的药品销售还能正常进行吗？

简直不堪设想！

二十一、忠孝难两全

这一年是五十年来最热的一年，每天三十七八度的高温，而长沙素有“火炉”之称，热得叫人难受。

两个月没下雨了，侦查员们天天在战高温。

8 月中旬，大队长朱耀红和队友还在上海取证。这一天，他接到在双峰老家的母亲的电话。母亲在电话里忧伤而又无奈地哭着告诉他，你还是赶紧回来吧，你爸快不行了……

朱耀红接到这个电话，心一下就凉了。

他在上海办案最怕的就是接到这种电话。父亲病危已经不是一天两天的事情了，已经一个多月了。还在“5·09”专案没开始的时候，父亲就闹着要回乡下，怎么也不肯住在城里了。朱耀红只得把父亲送回双峰老家。父亲是带病回老家的，他患有严重的肺病，只能靠呼吸机维持生命。

半个月前，母亲来电话，说：“你爸危险，大小便失禁，说不出话了。”

那一次请假，朱耀红心里就十分矛盾。一方面，他很想回去看看父亲，他是父母唯一的儿子。农村讲究儿子养老，但父亲在最后的岁月里，只有两个已经出嫁的女儿轮流回家陪护。同为警察的妻子不时会带儿子回老家，也算替朱耀红尽了一份孝心。这期间，妻子用手机给他发了一张爷孙两人牵手微笑的温暖照片，让朱耀红不由得眼窝一热。可在这节骨眼儿上要请假，而队友们都没日没夜地奋战在第一线，他有点儿开不了口。然而，亲情的召唤，让他不得不请假赶回了农村老家。

回家一看，父亲真的不行了，神志不清，已认不出自己了。原来，因为天气太热，他自己把呼吸机的管子拔掉了，供氧不足，导致病情加重，大小便失禁，人事不知。

朱耀红赶紧给父亲插上呼吸机，在家待了一晚。

第二天，老爷子好些了，神志恢复了，问："儿子，你怎么回来了?"

朱耀红说："我还不回，你都不认识我了。"

他叮嘱父亲，无论如何不能再拔掉呼吸机。

老爷子倒替儿子着想，说："你赶紧回去，正在案子上，赶紧回去！我没事，死不了。"

朱耀红当时看父亲好些了，就赶紧回到长沙，继续办他的案子。

那些日子，他的心分成了两半，一半在案子上，一半想着父亲。

那一次回家见父亲，他就感觉父亲的时日可能不多了。如果不是因 GSKCI 这个案子，他绝对会请假回去照顾父亲。这是人之常情，天经地义。

可是，单位上上下下全都扑在案子上，生孩子的休了三天产假就回来上岗了。作为大队长，他真的不能请假。

朱耀红来自农村，那颗淳朴、执着的心始终没变。作为一个警察，基层干部，忠诚党的事业之心始终至高无上。可他又是个普普通通的人，有亲情有爱心，爱自己的父母，爱自己的家人。

当他听到母亲的哭声，他的心都碎了。

看来，父亲这一回真的不行了。如果不回去，可能就再也看不到父亲了，说不定这一回就是见父亲最后一面。要不回去，他将终身后悔。

不能再犹豫了，朱耀红终于向领导报告了父亲病危的情况。

立即回家！其他什么事情都放到一边。

领导批准了他的请假，命令他立即回去。

8 月 14 日，朱耀红急匆匆从上海赶回双峰老家。

回到家里的时候，父亲已是眼不能睁、口不能言了。当天晚上，朱耀红整夜都守在父亲身边。第二天上午，父亲安然离开了这个世界。

朱耀红含泪安葬了父亲，第二天便踏上了征程。

他理应在家多陪陪年迈的母亲，可是他不能，他只得请妻子和亲人们代劳。

单位的案子在等着他，用他自己的话说，这样的案子史无前例，这么大面积的抓捕行动，办理这么多对象，约谈那么多人，他参加工作以来从来没有见过。大家这么紧张、玩命，也是前所未有。

他不能缺席，更无法放弃。他没得选择，他必须继续上案。

真是自古忠孝难两全啊！

二十二、厅官“人间蒸发”

在侦查上海临江国际旅行社为 GSKCI 公司大量套取现金，代为行贿等违法犯罪行为的同时，专案组发现了另一家与该旅行社有多次合作的单位。如果仅仅是正常的合作，专案组没必要关注和过问，而此单位跟该旅行社的合作，让专案组感觉扑朔迷离。

专案组从上海临江国际旅行社的账本上发现，该旅行社与一个叫王某的人关联密切。

侦查员就把王某从上海带到长沙进行审查，结果发现了另一条犯罪线索：这个王某是上海卫计委副主任黄某平的秘书，黄某平管理上海医学会神经外科分会的财务，实则由王某代管。

与临江国际旅行社合作的这家单位，正是上海医学会神经外科分会。该分会从 2007 年到 2012 年，一直委托临江国际旅行社主办年会。由该旅行社担任年会服务提供商，并非该分会自己找上门来的，而是由分会上级机构——上海医学会指定。几年间，每次年会都由上海医学会主办，神经外科分会和临江国际旅行社承办。临江国际旅行社受医学会授权，与参会商签订参会合同，参会商将参会费打入旅行社的账上。每次年会会费总额由旅行社按医学会办会要求预算支出总额，按“量出为入”的原则招商引资，每次总额在100万至150万元，一共办会四至五次。

根据临江国际旅行社提供的情况，该分会每年举办完年会之后，均有部分结余资金，而这些结余资金均由该分会主席黄某平掌握。

黄某平并不是该分会的专职脱产主席，而是兼职。他的正式身份是上海市卫计委副主任（原上海市卫生局副局长，分管科教、外事，此前为上海华山医院静安分院院长）、农工民主党党员、上海市农工民主党副主委、全国政协委员、农工民主党中央常委、全国医学会神经外科分会副主委、全国医师协会神经外科分会副会长，系留美博士，被称为上海外科“一把刀”，既是上海外科领域的业务尖子，又是一颗冉冉升起的“政治明星”，前途无量。

正是这位业务尖子、“政治明星”，却在兼任上海医学会神经外科分会会长的位置上摔倒了，摔得十分惨烈。

起因就在他掌管分会年会费用上。每年的年会都有一百多万元的会务费，年年有结余。

以下是查账的结果：

2011年赞助100万元，实际支出40万元，套出现金60万元；2012年赞助200万元，实际支出50万元，套出现金150万元；2013年赞助100多万元，实际支出40万元，套出现金50万元，剩余部分留在临江国际旅行社账上。

那些结余的钱去了哪里？

正是进了黄某平的私人钱袋。他从这个钱袋里或直接取出现金，或指派负责分会的财务人员王某通过旅行社购买金条、虫草、消费卡等贵重财物用于请客送礼，金额不下百万。这是典型的经济犯罪，算贪污还是挪用，需要进一步调查。

一条蛀虫浮出水面。

严格意义上讲，这条线与 GSKCI 商业贿赂没有什么关系。专案组将此线索上报公安部。公安部指定长沙市公安局对黄某平问题进行调查。实际上，这也是落实最高检和公安部联席会议的精神：凡因此案引发出来的国家工作人员犯罪问题，由长沙市公安机关负责调查，适当时期再移送检察机关。

8 月 28 日，专案组对涉案人员王某采取强制措施。经调查核实，证实黄某平有重大的经济犯罪嫌疑，经报请公安部批准，专案组决定对其实施抓捕。

9 月 20 日，长沙市公安局经侦支队政委李方艳率领抓捕组赶往上海，实施抓捕行动。

上午 10 时，根据专案指挥部掌握的情报，此时黄某平正在家中。李方艳政委立即带领办公室主任卜英姿、教导员黄佳和侦查员吴冠海赶往黄某平家。

黄某平家在上海市闵行区报春路一栋三层别墅里，他住在二楼。

抓捕组敲门直接上了二楼，在黄某平的卧室里见到了他。

黄某平正在清理东西，像是准备要出远门。

“你好！我们是长沙市公安局经侦支队警察，奉命找你核实一起案子，请你配合。”李方艳政委出示了相关证件，包括警官证、传唤证、搜查证等。

“长沙市公安局？长沙公安怎么跑到上海来执法？你们没有这个权力，我拒绝配合！”黄某平不屑一顾道。

“我们是公安部指定办案，这位是公安部经侦局的同志，你有什么不理解的，他可以跟你解释。”李政委介绍了同来的公安部经侦局同事。

公安部专案组成员出示相关证件，要求黄某平配合。

“不！你们没资格抓我！我要打电话给书记！”黄某平咆哮起来，仍拒绝配合警方。

李方艳政委很有耐心，跟他再三说明：“你打电话给书记也没用，书记已经知道这件事了，我们的行动都是经过书记同意的，好好配合吧，你没有别的选择。”

黄某平无话可说了。

显然，这些警察的到来，绝非私闯民宅，所有的手续都是齐全的，他找不出任何破绽。也不会有破绽，要跑到他这个市卫计委副主任家来抓他，绝对是经过了上级的批准。他再咆哮，也只是自己给自己壮壮胆，纯属无奈之举。

“黄某平同志，我现在还叫你一声同志，你是卫计委的副主任，又是著名教授，应该是非常有素质、有教养的，我不希望用对待杀人犯、抢劫犯一样的方法来对待你，你能听懂我说的意思吗？”李政委郑重地跟黄某平说道。

这是最后通牒。对方如果愿意配合，用文的；对方如果再不配合，就只能用武的了。

五大队教导员黄佳已经站到了黄某平的身后，只等政委一个眼色。

黄某平痛苦地点了点头，说了一句："我……配合。"

后来的搜查非常顺利。先搜书房，发现没开封的苹果电脑10多台，金条10000克，各种名表12块，清点现金百万元，购物卡、百联卡43张，还有各种名烟名酒，价值300多万元……

三楼没住人，也没东西。

搜查车库，有两辆小车，打开后备厢，整个后备厢里全部是钱，成捆摆放得整整齐齐。

现场清点显然不可能了，李方艳政委当即决定，用黄某平家的箱子装钱，将所有现金打包贴好封条，全部拖走，运往公安部经侦局上海直属二总队。后经请来银行工作人员清点，总计940万元现金。

之所以将钱装在车上，是因黄某平已经办好出国手续，即将出国，正准备将巨额资金转移。只要警察晚来一步，明天这千万元的财物就到了异国他乡。

所有现钞、金器、名贵烟酒、手表、苹果电脑、各类银行卡等贵重财物，均以赃物之名予以扣押，随案追缴。

临走前，黄某平的岳父岳母向民警请求："能不能留一张公交卡给我们？我们不知道他有这么多钱。"

这个要求本来不算过分，如果在警察查封之前，他们拿到了其女婿的一张或者几张公交卡，警察是绝不会跟他们计较的。可现在，搜查已经结束，任何一张卡都成了赃物，没人敢动。

警察只能抱歉地告诉老人："不能！"

抓捕行动圆满成功。李方艳政委一行于次日将黄某平押回长沙。

此时，除有关部门告知了上海市纪委，警方的突然行动并未通知上海市卫计委，也无人告知黄某平曾经所在的医院。

一切行动都在静悄悄地进行。

一夜之间，黄某平手机关机，消息全无，上海厅官仿佛一夜间人间蒸发。

2013 年 9 月 29 日，黄某平因受贿罪被予以立案侦查，罪名是非国家工作人员受贿罪。

为什么是非国家工作人员受贿罪？因为 2011 年、2012 年黄某平并没有任卫计委副主任，还在医院工作，其犯罪主体是任上海医学会神经外科分会会长职务期间所犯罪行。这类罪名正是此案管辖范围，他随即被刑事拘留。

2013 年 12 月 18 日，黄某平因涉嫌贪污罪、受贿罪被上海市公安局正式逮捕。

二十三、“精神教父”

审讯张某维是一个艰难的过程，此人可说是整个案子的第一大“堡垒”。

从 7 月 10 日被抓，到 10 月国庆节前，他没有吐露半点儿自己的问题，也没吐露任何有关 GSKCI 商业贿赂犯罪的问题。对这个人的突破，成了专案组的最大难题。以至于专案组负责人对侦查员们说：“拿不下张某维，长沙公安这个案子只办成了一半。”

实际上，一个张某维拿不下，整个案子就不能算成功。这是压力，也是动力。

专案组几乎天天在研究这个人，从他的性格、爱好、经历、所作所为中寻找突破的切入点。

可一直没有太大的进展。

这个人是 GSKCI 公司的灵魂人物，也是教父级人物，其影响甚至超过了公司总裁马克锐。此人和别人不同，他追求的不是金钱，GSKCI 高层的其他人自身都有问题，都是既参与公司的行贿，又自己受贿，唯独他和赵某燕没有。

专案组曾经试图从侧面打开缺口，调查他本人的贪腐行为，可调查来调查去，居然没有发现他这方面的问题，至少没有发现这方面的证据。

从表面上看，他本身没有任何问题。客观上，他年薪百万，确实不差钱。

后来侦查员发现，他有他的精神追求，他追求的是权力。

他热衷于参加每年的年会，热衷于在年会上演讲，热衷于推介公司的企业文化。而实际上，这正是他的犯罪事实的一个重要部分。

GSKCI 公司的企业文化是什么？

从马克锐接手之后，一个明显的特征就是销售至上，销售为王，一切为了销售。马克锐叫得最响的一句话就是，没有费用就没有销量。而销售是要费用的，费用就是钱，用钱来推动销售就是带金销售。

马克锐只提思路，并只看结果。他提出“没有费用就没有销量”，就是带金销售的主观意识，其犯罪意识即已构成。而看结果，结果就是用钱来推动销售。下面所有的人都要贯彻这个意识：进行商业贿赂。

谁来推动这个事？张某维。

张某维极力推行马克锐的销售理念，但他从来不说穿，他的嘴里从来不说“贿赂”二字。但他所有的行动，却都是在实施商业贿赂。这正是他们比国内一些企业销售的“高明”之处。

但张某维所做的一切都瞒不过侦查员，隐蔽得再深，总有露馅儿的时候。

张某维到案后，先后由多名侦查员对其进行审讯、谈话，有四大队、五大队、望城大队等办案单位承担过审讯任务，参与审讯的侦查员也换了好几批。

虽然前期审讯、谈话并未使他招供，然而，每一次审讯、谈话都是对他心理防线的一次冲击，都是最后击垮他的重要组成部分。

从一开始，专案组就在研究张某维，而张某维也在天天揣摩着警察，看警察到底掌握了他多少底细。

高峰政委在分析他的时候说："张某维现在是就假说假，无负担应对，以万变应不变。此人应对的方式不合常理、不合逻辑，拿钱的方式与别人不一样，员工送他的，他都不要；有被抓的逻辑思维，善于表现，集一生智慧学习，表面谦卑，内心强大。张某维就是一只老虎，不打死是要咬人的。"

专案负责人说："要对所有在押对象逐一谈与张某维的关系，了解其爱好、兴趣，深入研究。此人只交代下线，不交代上线，十分狡猾，要像审讯特务、间谍一样对待他，要千方百计攻下这个堡垒。"

张某维做事非常缜密，老谋深算。面对侦查员的凌厉攻势，他总能巧妙应对。

审讯的过程，就是挤牙膏的过程。只有当侦查员点到关键之处，他才招一点儿。

然而，再缜密也有缝隙。几个侦查员经过深入细致的侦查，发现了张某维犯罪的关键细节。这是张某维的软肋，其就算再狡辩也无法绕过，最终不得不就范。

10 月 2 日，张某维开始交代问题。

他说开了年会，李晖等人就去找年会的材料。

他说有一篇这样的文章，就是推介马克锐经营理念的文章，李晖就去找文章。那篇文章最后是李晖自己花钱买来的。

他说他们有这样一个刊物，属于葛兰素史克内部刊物，用刊物来宣传这个思想，李晖等人就去找那个刊物。

终于发现该刊物有一期第一篇文章就是张某维写的，正是介绍贿赂销售的理念。

这是重要证据。

随后，五大队教导员黄佳与本大队民警、望城经侦大队侦查员对张某维进行了一系列的政策攻心和法治教育。

侦查员秦敏在英彩公司和 GSKCI 人力资源部找到的书证，以及在赵某燕的邮件中发现和提取的关键证据，在一定程度上推动了对张某维的审讯工作，从而取得了专案证据体系中意志问题的突破。

这一系列的工作对张某维最终招供都起到了重要的作用。

而黄佳和王铁托的巧妙审讯，最终敲开了张某维那张坚硬的嘴巴。

黄佳可谓审讯高手，在上海他就参与了抓捕张某维的行动，对张某维有所了解。接手审讯任务后，他非常慎重，不搞先入为主，又对张某维进行了一番认真深入的研究。

他发现，张某维对现在发生的这一切早有预案。

张某维自己不受贿，他不像有的人自己不干净，专案组并没有发现他的受贿事实。他不缺钱，多数花费都由公司负责。

还有一点，他管理人力资源部，会注重把有背景的人招进公司。比如，对于国家发改委、药监局、地方的相关人员的亲戚、同学、朋友，他会千方百计招进来，高薪聘请，办妥社保、医保等，而一切都是为了公司公关作预备。

看来，对这个人的审讯、侦查，不能像对其他人一样，不能从他本身找问题，然后再看他在公司行贿方面做了什么。他自己几乎没有问题，至少暂时没有发现他的个人问题。

对他的审讯，要改变策略，要从提高他的认识上做文章。他只在乎权，喜欢创作，每年的年会他都要亲自策划，一切的主体都是围绕他个人的意志展开。一切的主体，表面上说要合规，实际上就是如何规避；对外说要合规，实际上就是如何暗中行贿医生、医疗机构。

黄佳决定从两个方面对他进行审讯。

一是跟他讲道理、讲政策，让他改变固有的思维模式。要告诉他，他那种思维模式是不对的，他充其量就是个职业经理。

二是告诉他，公司的一切行为都是走的流程，是事先都设计好的，不应该由他负责。但专案组已掌握了他的犯罪证据，他就是公司请的职业经理，怎么加价，怎么应对危机，怎么找关系，他起了重要作用；但他是怎么处置的，受谁的指使，责任不在他一个人身上，他的上面还有人。

黄佳在这边审讯，上海警方同步行动，对张某维一些基本犯罪事实进行一一查证。

最终，迫使张某维在铁的事实面前，不得不供认所犯罪行。

张某维写下了《人力资源部门与销售第一政策》、《关于授权》、《我所参与工商管理贿赂、放纵员工违纪的问题交代》等材料，主动悔罪和交代了 GSKCI 公司在 2009 年 1 月英国人马克锐担任处方药部总经理后，开始组织大规模贿赂销售模式，并逐步建立和完善贿赂销售模式的上层设计和建设的过程。

此模式是马克锐提出来的。

马克锐在 2009 年 1 月就任 GSKCI 处方药事业部总经理后，为完成 GSKCI 总部下达的高额销售增长指标，全面倡导“以销售为导向”的经营理念，提出“没有费用就没有销量”的销售口号，先后组建和扩充了多个销售部门，将贿赂成本预先摊入药品成本，并组织各部门在虚抬药价条件下，通过大肆贿赂医院、医生、医疗机构、医药相关协会组织等，向医药销售相关部门及其所属人员推销药品，非法牟取暴利。张某维对此积极落实。

马克锐的前任是台湾人，倡导的销售理念是质量第一，而马克锐则是销量第一。GSKCI 公司 2009 年在武当山搞了一次年会。在这次年会上，张某维全面阐述了马克锐“销量第一”的宗旨。后来在三亚又搞了次年会，仍是由马克锐提出理念，张某维组织实施。

不能说 GSKCI 公司一开始就形成了完整的商业贿赂销售理念，这需要一个逐步形成完善的过程。

马克锐提出带金销售理念之后，张某维通过在多次年会、医药代表会等大型会议上进行灌输，其管理层的商业贿赂意志已经非常明确。

对此，张某维借用了《孙子兵法》中的一句话：“将能而君不御者胜。”意思是将军能打仗，皇帝不去干预，他就一定能打胜仗。类推过来就是授权的理念，即鼓励员工做这件事情，但是，并没有去驾驭员工。也就是说，把这些贿赂医生的钱授权给业务员，而不用公司去操作，如此就会产生一种隔离墙的效果。在公司，会有各项规章安排员工的工作，然后由合规部门检查其工作是否到位，也就是贿赂是否到位。还有法务部，员工不会因为贿赂被调查；调查了，有危机公关，法务部一共对接了 25 个工商部门，员工因为贿赂被举报后就由法务部门去处理。

而张某维自己不接受贿赂，也不直接参与行贿。他是站在更高层面上，助推公司整体的商业贿赂。

对张某维进行法治教育后，他把自己贿赂销售思想的形成、宣传、组织，写得非常清楚：

一是推，疯狂推介马克锐的销售理念，实质就是推介商业贿赂的做法；二是保护，出了问题千方百计保护。

除了人力资源部宣传、合规部监督之外，还有一个商业卓越部配合。该部门只有三个人。

这个部门是干什么的？

警方在找这三个人谈话的时候，他们都在哭泣。

为什么哭泣？

这个部门，会通过市场部统计每年销售量，然后统计销售部门提出的需求。其会形成一个品牌计划，会对每一年贿赂的资金量进行预测。然后呈报给马克锐，再报给新型市场部（该部在新加坡），再报总部，批准以后再返回给马克锐。

为了实施“销售为王”的理念，公司的各个部门都在极力推行商业贿赂的销售模式，想出了千奇百怪的招数。比如，“冷链计划”、“长城计划”、“龙腾计划”等，实际上就是通过五个贿赂链条进行全方位商业贿赂。

但在GSKCI公司，他们从来不提“贿赂”一词，任何文件、任何一次年会演讲，没有一处、没有一个人使用这个词，所有的账务里面也从来没有出现过，但他们在做，在中国市场，他们疯狂地进行贿赂销售，这就是GSKCI在中国的销售特点。

为了确保商业贿赂的顺利进行，他们疯狂地扩充销售团队，在册的销售团队从2009年的1000多人，扩充到2013年的4000多人。同时，采取各种措施保证商业贿赂不被查处，成立了危机公关部，还搞了一个秘密计划——“蝎子计划”，即在马克锐、张某维、赵某燕等公司高管主使下，由公司雇请韩某龙、虞某从事非法窃取公民信息、实施非法调查等违法犯罪活动。这一切的一切都只有一个目的：扩大销售量。

报表每年在递增，利润每年在下降，表面上公司在做赔本买卖，赚的是吆喝，实际上，他们一开始就把利润留在了国外（即价格转移，后面单独述说）。他们销售越多，表面上他们在国内的利润不增反减，实际上更多的利润早就进了公司的腰包。这中间复杂的过程，一般人根本无法识别。

然而，中国有句老话，多行不义必自毙。最终，他们遇到了中国公安，他们的商业贿赂模式也就走到了尽头。

附：以下是检察官对张某维讯问的部分笔录。

……

问：你是如何到案的？有无自首、立功表现？

答：我是2013年7月10日被公安民警在葛兰素史克（中

国）投资有限公司上海分公司六楼抓获归案的，无自首，我被抓获后向公安机关讲了吴铁向陈某波行贿的事情。

问：你之前的交代是否均属实？

答：我之前的交代均是真实的。因为之前有侥幸心理，我以侦查阶段侦查人员不让我睡觉等为由，讲了部分交代不属实。

问：侦查人员到底对你有无实施刑讯逼供、指供、诱供等违法行为？

答：没有。

问：侦查人员有无将讯问笔录交给你阅读核对？你是否阅读核对并签名捺印？

答：我阅读核对后进行了签名捺印。

……

问：你讲下马克锐到中国后制订的新销售政策的情况？

答：马克锐是 2008 年年底过来出任处方药部总经理的，2009 年上半年在熟悉相关情况后，下半年便提出了“以销售为导向”（Selling Led）的新政策。

问：你讲一下“以销售为导向”的概念。

答：包括（1）加强现有产品的销量，使其成长速度高于行业平均速度。（2）加速新产品的注册及业务发展（收购）项目，丰富产品线。（3）加强市场准入和价格管理。（4）人才发展，确保合适的人在合适的岗位上，从而完成了由口号变成有实际内容的经营战略。简单地说，就是公司一切行为都是为了销售，倡导“销售为王”。马克锐还表示“没有费用就没有销量”，除要求公司将资金尽可能用于销售部门外，还要求所有的部门都要全力支持销售部门。

问："以销售为导向"的政策具体是如何实施的？

答：一方面是在年会和公司刊物、网站上进行沟通及宣传，另一方面是对公司进行组织架构的调整，大量扩充销售队伍，以销售部门为主，其他部门全力支持和服务销售部门。最后一个方面是公司制订销售奖金制度、销售激励政策、销售费用制度，以及人才培训和保留计划，提供人力和财力的支持。

问：你当时对马克锐这种"以销售为导向"的销售政策的态度？

答：我觉得这和公司总部的要求是一致的，我是支持和赞同的，也是按照马克锐的要求，领导人力资源部门全力配合政策的落实的。

……

问：你公司是什么时候发现存在"假发票"报账这一情况的？

答：2009 年年底的时候就发现了。

问：那当时是怎么发现上述这个问题的？

答：公司在 2008 年审计时发现业务员为拿奖金，虚报销量，之后便成立销售审计团队，专门对销售人员的行为进行审计。2009 年下半年，公司销售审计团队在对财务上报销的发票进行审计后，便发现销售人员存在用"假发票"报账的情况。

问：审计销售组由哪些人组成？

答：一个经理和 30 个员工，2009 年至 2011 年，审计销售组经理叫 Wlatre 陈，上海人，陈经理之后去了 GSKCI 泰国公司；

2011 年至今，分为北中国组、东中国组，直接报合规部高某；2012 年 6 月左右，新加坡人 Christine Ng 任审计销售组总监，该组直接报财务总监。

问：那你公司 2009 年发现存在销售人员用“假发票”报账的情况后，是怎么处理这个事情的?

答：当时合规部经理王某军在发现“假发票”这个问题后，便向当时的处方药部经理马克锐和疫苗事业部经理陈某波汇报了这个情况。之后王某军来找我谈的时候，说马克锐和陈某波一致建议，采取奖励遵照合规办事的销售人员的方式来处理此事。并且在 2010 年 6 月左右召开的公司 G4 会上，又谈到了“假发票”的问题，在此次会议上一致同意由合规和人事部门一起制订一个奖励合规的政策。

问：你公司当时为什么要采取奖励遵照合规办事的人这种方式来处理发现的“假发票”问题?

答：当时马克锐不想影响公司的销售。他担心如果深入调查的话，可能会涉及给医生行贿的情况。

问：当时公司查的“假发票”具体有哪些方式?

答：假发票问题，就是销售团队的销售员工通过购买假发票、在网上购买假发票及 POS 刷卡单、虚开发票数额到财务报销现金用于个人支配。假发票的实质，其实就是员工从公司套取现金用于贿赂医生或者自己占有的问题。

……

问：你在 GSKCI 公司处理工商查处危机事件中起了什么作用?

答：一是由于我负责公司人事管理，应赵某燕的要求建议马克锐由赵某燕、米某等负责应对工商部门的调查，后来听说梁某也参与了。二是 2012 年 8 月左右作为公司管理层批准了行政部制订的“桌面清理”规定。这一规定一来是为了加强公司的保密，二来是不希望过期的材料误导销售人员，三来是在应对工商调查时可按公司的意图提供正式的材料。

问：GSKCI 公司管理层是否知道梁某等人在处理工商调查危机时对工商执法人员采取了贿赂沟通的手段？

答：因为这几年全国的工商部门对公司展开了查处，对公司影响很大，所以这一事情都由赵某燕向管理层进行汇报。公司管理层了解各地工商查处的进展和结果，并且知道经梁某运作之后罚金的变化和名称的变化。我推测，应该知道梁某在运作中采取了贿赂手段。

问：关于贿赂公关的事情，梁某是否向你汇报？

答：梁某有私下向我讲过，要找很多人联系工商的人员，请很多朋友吃饭。虽然我不直接主管工商危机的处理，但是梁某是由我招聘上来的，跟我私交不错，工作上有什么事情也会跟我说，听听我的意见。

……

问：对于马克锐在公司提出并推行“以销售为导向”的理念，你怎么看待？

答：我认为作为一个商业公司，追求销售、追求利润是无可厚非的，但是应该通过合法的、正当的手段去追求。GSKCI 通过这种贿赂医生的手段追求销量，是违反我国法律，也是违反公平竞争的原则的。

另外，GSKCI 作为一个医药企业，药品是一种特殊商品，直接关系到患者的利益，关乎患者安危，也关乎社会安定。患者没有能力去选择药品，必须通过医生代为选择，医药企业理应将患者的利益放在第一位。但 GSKCI 始终将销量放在首位，患者没有选择权，医生有选择权，GSKCI 这种只追求销量，以费用促进销售的贿赂销售模式，会导致医生在处方药品时带有倾向性，在不该用 GSKCI 药品的时候用药，严重损害患者的利益。

问：你是否知道《中华人民共和国药品管理法》？

答：知道，但我没有仔细看过。

问：《中华人民共和国药品管理法》第五十九条规定：禁止药品的生产企业、经营企业或者其代理人以任何名义给予使用其药品的医疗机构的负责人、药品采购人员、医师等有关人员以财物或者其他利益。你怎么看？

答：我觉得《中华人民共和国药品管理法》的这个规定是对的。确实医药企业不应该与医务人员发生财物或其他利益上的关系，不应该盲目追究销量，以贿赂的方式影响到医生的处方，而应该以患者的利益为重。公司的行为是违法的。

问：你作为一名外资医药企业的高层管理人员，为什么不学习《中华人民共和国药品管理法》？

答：现在我觉得我应该认真学习行业内的法律规定。之前我总觉得这是法务部门的事，我按照公司的规定做这些没事。但我作为公司的管理人员，在执行公司政策过程中，没有把握好法律的底线，我是有责任的。我现在很后悔，这个教训是深刻的，以后无论我从事什么工作，我都应当对行业的法律进行深入的分析。

……

问：本次讯问中，有无非法羁押、刑讯逼供、威胁、引诱、欺骗或者以其他非法方法获取口供的情形？

答：没有。

问：你还有何补充？

答：没有。

问：你以上所讲是否属实？

答：属实。

二十四、总裁受审记

马克锐是 8 月初来的长沙，由他的律师、秘书等陪同，专程来长沙接受公安机关的调查。

审讯马克锐，专案组是作了充分准备的，抽调了业务精湛的侦查人员担任主审，由副支队长陈耀松牵头，组成人员有一大队大队长赵明，侦查员罗学安、杨醉，还有入境支队的专业翻译刘毅。

8 月 6 日，高峰政委达到长沙，对审讯马克锐提出要求：按照我国法律程序取证；着正装；马克锐的随行人员不能有律师；要告诉马克锐，讯问未结束不得离开中国；审讯要把握节奏，谈清再走；讯问工作是重大事项，要及时汇报，等等。

张慧副局长也对审讯马克锐作了具体要求：一是要注意礼节；二是以事实为依据，以法律为准绳，要让对方心悦诚服，要让他感觉到自己确实做错了。用法治保护自己的市场，心中要有强烈的法律意识和大局意识。

参与审讯的几个侦查员，没有谁跟外国人谈过话。他们事先做了很多预案，制订好讯问提纲，还把一些主要的话写了出来，比如，马克锐先生，我们是……现在……

8 月 7 日上午，富丽华五楼一间长方形会议室里，中间摆着一张长方形的条桌，长桌的中间是一个椭圆形的凹下去的槽子，里面摆了四盆鲜花，进门的两个墙角架设两台摄像机，全程录音录像。

面对房门的一排坐着身穿白衬衫、制服裤子的审讯人员，对面是马克锐和他的助手兼翻译郑琦的座椅。

9 点，马克锐和他的翻译准时到场。

第一次，由陈耀松、赵明、罗学安、杨醉、刘毅负责审讯。

审讯的开场白早已准备好。陈耀松说道：马克锐先生，我们是长沙市公安局经侦支队的侦查员，这是我的证件。因为你担任总裁的葛兰素史克公司在中国涉嫌商业贿赂和涉税犯罪，今天，我们根据《中华人民共和国刑事诉讼法》有关规定对你进行讯问，你应当如实回答我们所提出的问题，并提供证据、证言，有意做伪证和隐瞒事实、隐匿证据是违法的，会被追究相应的法律责任。

翻译随即翻译。

陈耀松：你是否明白？

翻译。

点头。

陈耀松：同时，应葛兰素史克公司亚太区总裁阿巴斯的请求和我国法律规定，我们在你接受调查期间会给予正常的饮食和休息，以及必要的治疗。

又翻译。

又点头。

陈耀松：我们准备每天上午、下午分别讯问三小时，你是否能够接受？

再翻译。

再点头。

陈耀松：同时，告知你，我们的讯问过程会全程录音录像，现在由我们的办案人员开始对你进行讯问（介绍三位侦查员和一位翻译）。

首先询问一些基本情况，马克锐一一作答，但指认他犯罪问题时，他很反感。

他并不认为自己在中国犯了罪，也不承认其公司有犯罪行为。他认为自己来中国是做好事的。对于商业贿赂，他不认可，认为即使有不规范的行为，也是底下的高管搞的，跟他没关系。

最初，他让警察跟他律师谈。

侦查员告知，根据中国的法律，侦查阶段律师不能介入。

他很难理解。侦查员反复解释，他只得接受现实，由自己直接回答警方的问话。

马克锐在英国是个爵士，出身算是显贵，一开始非常有优越感。他的眼神傲慢，充满着对侦查员的敌视。很显然，他看不起办案人员。

第一次审讯，除了核实一些基本情况，几乎没有进展。

对马克锐的审讯，陈耀松只负责开了一个头。他是综合材料组组长，各种繁杂事务集于一身，第二天就退出来了。

审讯工作由赵明、罗学安、杨醉、刘毅继续负责。

8 月 10 日，张慧副局长率陈耀松、唐赞乘高铁去北京汇报专案工作。晚上，张慧指示专案组：对马克锐的审讯，要紧扣单位犯罪事实，主动提问；不要被对方带着走，要句句紧逼。

按照张慧副局长的审讯思路，侦查员步步紧逼，大胆主动提问，抓住几个关键点穷追猛打。

比如，马克锐接手 GSKCI 后提出的销售理念是什么？“销售为王”的理念怎么解释？“没有费用就没有销量”怎么解释？“一切为了销售”采取了哪些措施？等等。

可他不会轻易认罪。

对于警方紧抓不放的问题，他要么回避，要么避重就轻。

侦查员们表现出极大的耐心。

要他认罪，得有一个过程。

如果直接指证他犯罪，他会很反感。因此侦查员注重摆事实，让他对自己所做的事情无法辩驳，更无法否认。慢慢地，他意识到警方掌握了他充足的情况。

他的态度慢慢有了转变，开始正面回答侦查员提出的问题。

审讯是个艰难的过程，也是个漫长的过程。突破也是渐进的，虽然马克锐的态度有所转变，但他依然像挤牙膏一样，问一下说一点儿，绕不过去才承认。

对马克锐本人，他一直在回避商业贿赂这一块，有点儿像掩耳盗铃。但尽管谁都不说，事都摆在那里。后来，他慢慢意识到自己与商业贿赂的关系，意识到自己在其中起到了什么样的作用。

几件关键的事情，他都认了。比如，“销售为王”，“没有费用就没有销量”，“一切为了销售”，等等，这是他的销售理念，也是公司的销售理念。况且，这种理念在张某维等人的极力推动下，已经付诸实践。这就是大的突破。犯罪主观意识非常明确，且有行为，要的就是这些。

签字，画押。

一到签字画押，马克锐变得特别谨慎。

每一个字他都要翻译翻得透彻无误。但他还不放心，仍反复问，这是什么意思？那又是什么意思？

他非要按他的意思写。但在原则问题上，侦查员坚决不让步，坚持按原意记录。双方由此发生争执，互不相让。

杨醉年轻气盛，早就看不惯马克锐那副傲慢相，真想好好整整他。

赵明队长向他使了使眼色，意思是让他耐心点儿，不能生气。杨醉只得把心中的无名火忍了。

有一次，马克锐硬要罗学安补充什么。

罗学安说：你是画蛇添足。

他问：什么叫画蛇添足？

罗学安就做动作，解释，他还是不理解。

罗学安干脆拿一张白纸，在纸上画了一条蛇，又画上四只脚。

搞了半天，他终于明白了，不好意思地笑了，脸也红了，就像个小孩。

最终他同意了按侦查员所说的记录。

审讯十多天，担负审讯任务的侦查员始终注意礼仪、细节，给马克锐留下了良好的印象。马克锐很有时间观念，会准时前来，而且穿着得体。侦查员也没有一次迟到，着装整洁，举止庄重，彬彬有礼，但又充满威严。

用罗学安的话说，跟马克锐谈话，警察的素质要时刻体现出来，不能让他鄙视你，要让他从内心尊重你。

审讯的时候，有时候侦查员批评他一句，他就会脸红，像小孩子一样。

后来，越接近事情的真相，他就越烦躁。

侦查员又安抚他，不要有负担。

经过艰难的努力，马克锐对自己的基本犯罪事实均已供认，审讯获得成功。

然而，等马克锐离开长沙之后，专案组咨询专家，专家却说：这种审讯笔录是无法提交法庭的；从严格意义上讲，这样的讯问笔录无法律效应。

什么？不具备法律效应？为什么？

有一个因素，专案组事先没有考虑进去，就是翻译问题。

十多天的审讯，全部是用公安机关自己的翻译，这容易给人提供口实。审讯的是你们警察，翻译的也是你们警察，谁知道你们在笔录上做了什么手脚？就像球场上的比赛，你们既是运动员又是裁判员，必定无法服人。

要在以后的法庭上站住脚，必须重审！

最初听到这个消息，赵明心里很不舒服，做了这么大的努力，说不行就不行了，实在不忍心。

不忍心还是小事，更重要的是，要重审马克锐，还能达到前面的审讯效果吗？最最担心的就是马克锐翻供，要是他来一个全部推翻，那可怎么办?

真不想重新再来，但又无奈，必须再谈。

专案组负责人再三强调，案子不能办得有半点儿瑕疵。现在，马克锐是招了，可翻译是我们自己的人，这就是瑕疵，经不起考验，经不起推敲，必须重来。

没办法，专案组决定，重来，再谈，找专业的、有资质的翻译公司做全程翻译。

当时长沙还没有这样的翻译公司。专案组立即跑去上海找，终于找到了有资质的翻译公司。

于是，专案组再一次把马克锐约到上海，重新审讯。

2014 年 1 月 21 日，在上海市公安局的讯问室里，审讯在进行，双方对峙达到白热化。

陈耀松副支队长站了起来，指着十几箱证据材料，用一句背了三天的英语对马克锐说："我现在郑重警告你，不论你是否认罪，证据已经确凿，中国绝不是法外之地!"

听到这句话，马克锐突然脸色大变，紧张得说不出话来，随后便是十几分钟的沉默。

当他再次开口的时候，他说出的第一个单词是："Sorry! Sorry!"

马克锐由此彻底认罪。

这已经是对马克锐的第 21 次讯问了。每一次讯问，侦查员们都会精心设计审讯方案，甚至对每一个单词的使用都要进行反复推敲、斟酌，有礼有节，有理有据，以顽强的毅力和百倍的耐心，敲开对手的心扉，真正让马克锐和他的同伴们感受到中国警察百折不挠的战斗精神，真可谓：“黄沙百战穿金甲，不破楼兰终不还。”

至此，马克锐所领导的 GSKCI 商业贿赂犯罪，基本事实已经认定：

2009 年 2 月以来，马克锐相继担任 GSKCI 处方药事业部总经理、董事会主席、法定代表人。为扩大药品销量，马克锐提出了“以销售为导向（Selling Led）”的理念，并通过全体员工年会、领导力峰会、销售精英俱乐部等公司内部各种会议和活动进行宣传鼓动。

该经营理念得到张某维、梁某、黄某（女）、赵某燕等公司高管的积极响应和支持，逐渐形成了无视中国药品管理等法律法规中的禁止性规定，只追求扩大销量、以费用促进销售的贿赂销售模式。

马克锐承认指使、支持赵某燕成立危机公关部对工商等相关部门公关，处理危机突发事件；也供认了和河南、郑州工商部门相关人员见面，时间是 2012 年 6 月的某一天，以摆平郑州工商处罚问题；还供认了 GSKCI 通过向相关医生非法支付旅差费、药品回扣 3800 万元，贿赂医生，涉及商业贿赂等行为……

以下是检察官对马克锐的讯问笔录的部分节选：

……

问：刚才我们向你书面告知了犯罪嫌疑人权利和义务，你收到了吗？

答：我收到，并且翻译向我进行了口头翻译，我了解了我的权利与义务。

问：你的基本情况？

答：我叫 Mark Reilly，全名 William Mark Reilly，中文名叫马克锐。原为葛兰素史克（中国）投资有限公司（以下简称 GSKCI）处方药及疫苗业务部总经理，GSKCI 法人代表、总裁。

问：你在 GSKCI 的任职经历？

答：2009 年 2 月，我到 GSKCI 担任中国处方药部总经理；2010 年 2 月，担任中国公司处方药部总经理、香港区负责人；2012 年 11 月至今，我担任 GSKCI 主席、法人代表、处方药及疫苗业务部总经理（中国及中国香港区）。

……

问：你是否认可自己在侦查机关的谈话内容？

答：我签字并捺印了，但这些笔录是中文，我本人难以亲自核对。

问：翻译人员是否当场进行翻译？

答：翻译是我的个人助理，我认为他并不是一个合格的翻译人员。

问：你在侦查机关的谈话，有多名翻译人员，你对其他翻译人员的翻译是否认可？

答：我一共有三个阶段的谈话，我两次在长沙的谈话一共有十七天，是我的助理翻译郑琦进行的翻译，我不能核对翻译的内容，因为我认为他不具备翻译的资质。另外，在上海进行的谈话，大约是六天，是先后由两名翻译人员进行的翻译。

问：你在上海的谈话你本人是否认可？

答：我在上海第二次的谈话，我对翻译是认可的，我对那位男翻译李剑诗的水平是认可的，但我对另一位女翻译石小磊的水平有疑问，我不知道她的翻译内容与实际谈话是否一致。在长沙的谈话，我只是陈述下我对我助理的翻译无法确定的事实。

问：你是对他们的翻译水平有疑问，对翻译内容是否认可？

答：在上海的谈话，两位翻译都是把谈话翻译给我听了，但我不确定那位女翻译的翻译是否与谈话中文内容一致，是否是我本人回答的真实内容，我是对她的水平有疑问。我对另一名男翻译是认可的。

问：在长沙的谈话，你对你的助理郑琦的翻译有什么疑问，是翻译不能表达你的真实意思还是别的？

答：我只是对书面笔录的内容的翻译不能确定，我通过我的助理对书面笔录内容向侦查机关人员反映过我的疑问。

问：你在笔录中说的是否属实？

答：我在笔录中说的都是属实的。

……

问：现在向你出示侦查机关综合卷 D534 P48 及 65-69 的内容，这是侦查机关向你出示的一份含有六个会计科目的 2009—2012 年费用金额汇总表格，以及你公司财务人员徐丽芳提供的你公司处方药进口产品四份成本明细表，你之前在笔录中进行了确认，现在请你再次确认下它是否是真实的。

答：根据翻译员的当场解释，这些内容是真实的。

问：你今天的供述是否自愿、真实？

答：是自愿、真实的。

问：你认为我们的讯问态度如何？

答：我认为你们的讯问态度非常理性、平和，也保证了我必要的休息、饮水、上卫生间时间。

问：你对今天我们聘请的翻译人员所进行的翻译工作是什么看法?

答：我认为她的翻译工作非常出色，她的翻译能够完全体现我陈述内容的本意，她是我目前见到的翻译水平最高的翻译人员。

问：今天的讯问到此结束，现在我们请翻译人员将笔录完整宣读给你听，请你认真核对，看看是否与你的陈述一致。

答：好的。

二十五、“明星”陨落

黄某平一案是查处 GSKCI 商业贿赂的案中案。

案发后，专案组及时向相关部门通报了情况。9 月 22 日下午，上海市纪委一室主任姜方平来长沙，通报上海市纪委根据市委领导和纪委书记指示，将全力协助长沙警方调查此案。

9 月 24 日上午，姜方平主任与专案组交流。长沙警方将涉嫌黄某平案件的相关对象材料和笔录，以及最高检批复交上海纪委。

根据公安部、最高检的部署，黄某平案仍然由长沙市公安局“5·09”专案组继续侦办。

专案组在侦办 GSKCI 商业贿赂案件的同时，对黄某平贪污、受贿的犯罪行为进行了全面侦查，查清了黄某平贪污、受贿的全部犯罪事实。

2013 年 12 月 18 日，黄某平因涉嫌贪污、受贿罪被上海市公安局正式逮捕。2014 年 7 月，黄某平被上海市人民检察院第一分院向法院提起公诉，同年 8 月，上海市第一中级人民法院依法公开开庭审理此案。2015 年 2 月 15 日，上海市第一中级人民法院一审宣判，上海市卫计委原副主任黄某平因犯贪污罪、受贿罪、职务侵占罪及巨额财产来源不明罪，被判处有期徒刑十九年。

黄某平案尘埃落定。

黄某平被判十九年徒刑，人们无不感到震惊。了解黄某平的人都知道，他是个非常优秀的人才。在医学领域，可以说，他是一颗冉冉升起的明星。

我们不妨来看看他的人生经历：

黄某平，1965 年 10 月出生，1995 年毕业于上海医科大学，获神经外科博士学位；毕业后在复旦大学附属华山医院神经外科工作，两年后被破格提升副教授，三年后升为正教授；1999 年至 2000 年赴美国密歇根大学神经外科进修，获博士后证书；历任复旦大学附属华山医院神经外科副主任、院长助理、副院长，并曾先后兼任该院属下多家分院和中心医院院长；2012 年 5 月，调任上海市卫生局副局长，分管基层卫生处（合作医疗管理处）、科研与教育处；案发前，任上海市卫计委副主任。

黄某平是民主党派人士，曾任上海农工民主党副主委、上海市政协常委、全国政协委员、农工民主党中央常委、上海市医学会神经外科分会主任委员、全国医学会神经外科分会副主委、全国医师协会神经外科分会副会长。

黄某平长期从事脑血管与颅内肿瘤的临床与基础研究，专攻颅内肿瘤及脑血管病的诊断与治疗，学术成绩斐然。他曾先后在神经外科专业国际权威杂志上发表十余篇 SCI 论文，出版了多部学术专著，其领导的课题和项目曾荣获国家科技进步三等奖、上海科技进步二等奖等。他曾荣获卫生部“优秀科技人才”、“新长征突击手”、上海市卫生系统第七届银蛇奖、吴阶平医学奖二等奖，以及为全面建设小康社会作贡献“先进个人”等荣誉称号，入选上海市“百人计划”。

无论在医学领域，还是政治上，黄某平的前景都是不可估量的。然而，就在他学术和仕途都处在如日中天的时候，他却倒下了，倒在金钱之下，贪污、受贿、职务侵占、巨额财产来源不明，一颗“璀璨的明珠”就这么毁灭了。

人们除了惋惜，自然还要问一个为什么。为什么一个如此优秀的人抵不住金钱的诱惑?

毁灭是个渐进的过程。

2009 年 12 月至 2013 年 5 月，黄某平在担任上海某三甲医院副院长、神经外科副主任以及上海市医学会神经外科分会主任委员期间，多次负责医学会神外分会年会等会议的会务工作。

当时，黄某平经过一番奔走，各药企奋勇争先，以能争取到一个广告展位为幸事。截至案发，50 家药企赞助的近 700 万元中，除会务支出等外，黄某平通过医院工作人员王某及旅行社副总经理李某（均另案处理），侵吞赞助款 141 万余元。

红包、回扣占据了黄某平受贿所得的相当部分。

黄某平是医疗小组的资深医生，会定期去查房、手术，更多负责医疗把关。在贿款中，有 150 万元是四个医疗小组送来的。医疗小组的钱有三个来源：病人家属的红包、会诊费、药企的回扣。

药企给医生开回扣，是由来已久的惯例，除给医院的 15%的回扣之外，还有给医生的好处费。医疗小组收的钱，大大小小的医生、护士按作用和贡献大小，每个人都会分到一点儿，可以说这是一笔灰色收入。

有两个医药代表多年来长期给予黄某平回扣。

姚某销售“人体白蛋白”，徐某是三九公司医药代理，两人于2000年分别与黄某平认识。后黄某平一直帮助两人推荐所介绍的药品，两人也一直支付黄某平“回扣”。

据黄某平回忆，其收取二人回扣达百万元。他在自己的供词里写道：“经过监视居住期间的反思和估算，两人十余年来给我的现金也超过了百万，着实令我吃了一惊，自感罪逆重大。警官‘为什么不给我，不给他，偏要给你’的责问令我如梦初醒，后怕不异（已），明显的哪怕是非直接的利益关系肯定是存在的，违法违纪毫无疑问。我一定正视问题，面对现实，全面配合，主动承担相应的法律责任，洗心革面，重新开始。”

……

上海一中院经审理认为，被告人黄某平作为国家工作人员，利用职务上的便利，侵吞公共财物共计7万元，其行为已构成贪污罪；利用职务上的便利，收受他人给予的钱款共计301万余元，为他人谋取利益，其行为已构成受贿罪；利用其在医学会神外分会担任主任委员的职务便利，将属于医学会的财物141万余元非法占为己有，其行为已构成职务侵占罪，且数额巨大；黄某平的财产、支出明显超过合法收入，且有1100万余元财产差额不能说明来源，其行为已构成巨额财产来源不明罪，且差额特别巨大。黄某平犯有数罪，应予并罚。

被告人黄某平在被采取强制措施后，主动交代侦查机关尚未掌握的收受贿赂事实，并能如实供述贪污、职务侵占、巨额财产来源不明事实，可认定其受贿犯罪具有自首情节，认定其贪污罪、职务侵占罪、巨额财产来源不明罪具有坦白情节。综合考虑黄某平到案后的认罪、悔罪表现，且本案的赃款、赃物均已追回，可对黄某平酌情从轻处罚。

据此，上海一中院一审判决被告人黄某平犯贪污罪，判处有期徒刑五年，并处没收财产人民币十万元；犯受贿罪，判处有期徒刑十一年，剥夺政治权利二年，并处没收财产人民币三百五十万元；犯职务侵占罪，判处有期徒刑七年，并处没收财产人民币一百四十万元；犯巨额财产来源不明罪，判处有期徒刑七年，数罪并罚，决定执行有期徒刑十九年，剥夺政治权利二年，并处没收财产人民币五百万元；犯罪的违法所得和来源不明的财产予以追缴。

法院宣判后，黄某平未当庭提出上诉。

一个留美博士就这样倒下了。

因为钱，因为自己的贪婪，抵不住诱惑，他最终成了金钱的俘虏。

其实，他曾经也想抵御，他在供词中对自己进行了“解剖”。

在他当分院院长的时候，前面有两个院长都因贪污、拿回扣被检察院带走了。那时他害怕极了，曾一度发誓再也不拿回扣了，好好做他的医生，好好当他的院长。

可是他做不到，外界的诱惑太大了。当医生也好，当院长也罢，面对红包，面对回扣，他最终没有能够独善其身。

他清楚地记得，在他留学回到单位的时候，医院还很少有人收红包，也很少有人送回扣。医生一样地看病，病人一样地吃药，很少有人想着借病人捞钱。

可后来不同了，医药代表天天往医院跑，病人家属也老往医生口袋里塞钱。他作为国内著名神经外科专家，病人家属为了找他看病、开刀，往往不惜重金。

他抵挡不住诱惑，因为内心的那一份贪婪，心中的天平开始向金钱一端倾倒。他接受了红包，接受了回扣。

他时常到外地会诊，对方支付的费用也相当可观。在他家里查获的400多个信封里，有的已有十年以上的历史，他从未打开，里面有多少钱他也不知道。所以最终法院认定他巨额财产来源不明，他并不认可。“我估算这些信封里至少有五六百万，所以你们说我有一千多万财产来源不明，是不准确的。来源是明确的，只是我说不清每一笔都是谁给的，但大多数信封上都有单位和名字。”

实际上，在金钱面前，他就是个糊涂蛋。

一方面，他对所有别人给的钱，都来者不拒，红包、回扣，给多少收多少；另一方面，收多少他从来也不计较，几百个信封多年没有打开，丢在家里就丢在家里，究竟有多少是做手术的外快，有多少是劳动所得，有多少是红包，有多少是科室分的回扣，他自己真的说不清。

还有，筹办了几年的上海医学会神经外科分会的年会，所有账务都由他的秘书王某经手，总数他可能知道，但出进的细节他不一定知道，剩余的部分成了他的私人钱柜，究竟有多少，他自己也说不清楚。这一切最终都成了“巨额财产来源不明”。

在一定程度上，他是“糊里糊涂”收下了那些钱，“糊里糊涂”进了班房，“糊里糊涂”成了囚犯，“糊里糊涂”要坐十九年大牢。这完全是他自己糊涂，怪不得别人。

他其实就是个“书呆子”。在监视居住的地方，五十多个对象，只有一个人天天拿着书本在看，心无旁骛。这人就是他，黄某平。

他不需要花费警察太多的时间，就主动交代了自己的全部犯罪事实，而且将所有的犯罪行为都写了出来，反省可谓十分深刻。他认罪，他后悔，他痛心。他现在唯一能做的，就是不丢掉他的专业。

他曾经是上海外科“一把刀”，他依然在继续学习。这是他与任何一个在押对象不同的地方。也许，这一次他什么都丢掉了，但他唯一不肯放弃的是他的专业——神经外科。他还要继续为病人做好事，积善行德……

黄某平在他的《我的问题》一文中写道：

“监视两天，想了很多。生平第一次，教训深刻。特别是两天来各位警官不同谈话，苦口婆心，治病救人，权权（拳拳）爱护之心令我感悟良多。回顾近三十年的工作管理经历，不能不谓成功，但其背后的私欲、贪婪和侥幸心理却始终未诊（整）治收敛，这也是今天下场的关键……”

他在《四个医疗小组的回扣问题》材料中这样写道：

“通过这段时间的反思和测算，回扣总量达上百万之多，数量是惊人的，问题真的不小，尤其是在国家三令五申杜绝回扣的总要求下，我作为一名已入行业管理队伍的国家工作人员，不但不阻止这一非法现象，还继续收进各小组的回扣现金，性质是极其严重的，责任也不可回避。本人衷心希望以‘治病救人’为原则，接受违纪违法处理，洗清污浊，重新做人。”

关于《科室回扣问题》，他写道：

“医药回扣是医疗系统的一个顽疾，长期存在，我科也不例外。印象中在我去美国前（1998 年）还很少，回国后（2000 年）发现我科也存在。当时由科室负责人登记相关耗材使用量，再以绩效名义按用量发到组里，由组里按贡献大小发到个人。因当时工资尚低，每月仅能分到几百元；2004 年起，所分金额也有所增加，每月有一千至三千元不等，这些钱主要源于使用药品和耗材的回扣；2011 年增加到分管三个组（加上自己原来的组共四个组），名义上分管，实际上只是有的时候去查个房，并根据要求去帮忙做些手术，（他们）每个月也会根据业务量以手术费名义给我一万至五万元的现金，其中至少有五千至一万元与药材有关，他们不注明，我也不过问，但四个组积累量也不少，且来源不正，均未存银行，直接以现金形式存于家中……”

黄某平总结了自己腐败犯罪的七条教训，其中有两条尤为特别：

“……小金库是腐败的温床，以前一直不能体会，这一次教训深刻，自取自负！贪婪、私欲膨胀是腐败的根源，但仅是平台。贪欲不除，痛终缠身，我要治愈，承担一切违法违纪的处罚。”

黄某平在写到当他离开医院，走马上任市卫生局副局长的时候，他对自己的人生历程不无感慨：

“临别宴上有些不舍，感怀时间的飞跃，更感叹世事沧桑，人是要有点精神的，在生活无忧时更应有精神的寄托和信仰的支持。而我呢？发奋工作是我的精神寄托，但常常会在十分忙碌之后的短暂休整中，陷入更深的无奈和寂寞。拼命赚钱是否想以此表白自己的富足？来掩盖内心深处的空虚和迷茫?!

“本来还要写 2013 年的，但 2013 年让我从‘峰’坠到了‘平’。19 日还在准备出国的，期盼见到爱女的甜蜜瞬间；20 日已‘人间蒸发’，戴上手铐，飞离家舍。人间的悲喜原来可以在瞬间转变的，人的命运来自自我的掌控，原是如此的不堪一击。

“我已认命，不期不待，我理解朱队长‘是偶然也是必然’的哲理。我已彷徨很久，冥冥中接受命运的安排。我不会愤世嫉俗，更不会消极沉沦。我将保持尚存的与生俱来的感受器，感受‘平’的降临，体验新的人生。

“在 2012 年写 2013 年感受的时候，很有穿越的感觉。其实，我的整个记录都是在穿越，带着现时的新记录的事实，这记下的事实还能称其为事实吗?”

案发之前不久，黄某平还拿了两个奖。一个是全国医学科技进步二等奖，另一个是上海医学科技进步一等奖。

黄某平是中国农工民主党第十五届中央委员会常委，曾有传闻，说他的发展可能不限于上海。从某种意义上说，他也是一颗冉冉升起的“政治明星”。

如果他不犯罪，也许在仕途上他会走得更远。

然而，这一切转眼之间都成了泡影。在滚滚的经济大潮中，他最终成了一颗泥沙，被吞没在江海之中，什么都看不见了。

在长沙监视居住的时候，他跟警察说：（现在）我是病人，你们是医生。

的确，他已经成了病人，病得还不轻，他需要治疗。

虽然已经很晚，但也许一切还来得及。

二十六、艰难的取证

专案组经过侦查，发现了 GSKCI 商业贿赂的大量犯罪事实，其为扩大药品销售，提高销售收入，采取多角度、多方式、多途径、多渠道向医院及其领导、医生、医药相关单位大肆直接或者间接行贿，行贿之事已经铁定存在。

可怎么证明？拿什么来证明？

这是一大难题，是整个侦破工作最大的难题。

这一难题，具体体现在以下七个方面：

其一，时间跨度长。自 2009 年开始，以 GSKCI 为代表的外资药企一直在中国进行药品贿赂销售，几乎每个外资药企都不同程度存在这方面的问题。只是，谁都没有 GSKCI 这么大的规模，这么强有力的推进，这么铺天盖地，已经达到登峰造极的地步，而这些商业贿赂行为还从来没有受到过刑事和行政的处罚。

其二，涉案金额大。2009 年至 2012 年，GSKCI 在中国采取贿赂手段销售了 213.44 亿元人民币的药品，其中仅 2012 年 4 月到 10 月其涉嫌行贿金额就高达 4 亿元。

其三，覆盖地域广。GSKCI 的贿赂销售网络覆盖我国所有省级行政区划，以及所有药品准入和相关行政管理部门。

其四，涉案人员众多。GSKCI 拥有 18 个药品自营团队，2013 年公司直接参入销售人员增加至 4000 余人；7 家外包代理销售商的销售队伍规模巨大，这些销售团队对应的行贿对象涉及全国各地医生和疾控中心工作人员；GSKCI 以讲课费等形式，对全国 12748 名专家级医生直接或者变相行贿，同时将已收集到信息的 30 万名医生作为行贿目标。

其五，组织结构和层次复杂。GSKCI 以药品销售为核心，形成由总经理直接负责的企业运营、服务支持、消费保健、工厂事业、研发中心五大版块，形成“总经理—运营总经理—全国总监—大区经理—地区经理—医药代表”的六级线性销售结构，其对应的下属销售团队及人员呈网络状遍布全国。

其六，犯罪方法隐蔽多样。GSKCI 的主要行贿方式有：直接以现金行贿，通过旅行社虚构会议套现行贿，通过给予代理商推广服务费实施贿赂销售，以赞助、捐赠、讲课费等名义向相关单位及人员行贿。

其七，关联单位繁多。GSKCI“一点对多点行贿”，其行贿活动呈放射状特点。行贿的主体包括：1. GSKCI；2. 与其共同行贿的有 7 家外包代理经销商（已调查 2 家）、1 个全国性知名医学会（已查）、69 家旅行社（已调查 15 家）、325 个疾控中心（已调查 4 个）、1167 个疫苗接种点（已调查 7 个）、2 个地方医学会（已调查 1 个）、26 个工商管理机关（已调查 3 个），以及医学机构、物价部门，等等。

此案是我国公安机关首次对大型跨国药企涉嫌单位犯罪进行体系打击。

从上面七个犯罪特点和侦查难点来看，全案点多面广，上下线之间链条多，涉案人员多，犯罪行为立体交织，取证量大，许多证据模式及证据规格都无先例可循。

如果按照以往的办案模式，对行贿人和受贿对象一一对应进行取证，很难做到全部落实，甚至完全没有可能。这需要多少人？需要多大的财力、物力？

从执法成本和司法实践来看，认定其总体犯罪时，没有必要针对不同贿赂对象全部查实。

专案组认为，GSKCI 的单位犯罪行为，从组织策划到具体实施的脉络是清晰的，其药品销售架构体系和模式造成的下游受贿面广，涉及医药销售终端人员多，可以采取宏观和微观相结合的“部分落地，整体推定”方式进行。

在宏观层面，从 GSKCI 策划、决策、组织单位犯罪的顶层设计上进行取证，查明其单位犯罪的主观故意、实施动机和总体犯罪金额。在微观层面，通过查明部分有代表性的贿赂犯罪点，进而查明这些点所涉及的上下线组织的犯罪事实，以此来证明 GSKCI 某一销售链条的一宗犯罪模式，进而整体认定 GSKCI 该模式的犯罪类型和犯罪事实。

例如，GSKCI 在湖南进行的药品直营贿赂犯罪类型，在全国其他省市也是如此。鉴于 GSKCI 在一个单位犯罪意志下有组织地进行贿赂，其分布在全国各地的点、线、链、块单位犯罪行为模式和犯罪类型相同，采取“查清一点、连接一线、推定一面、全部累计”的论证和认定方法，可以查明 GSKCI 的整体犯罪行为及事实、金额。

这是一个重大的创新，在以往的司法实践中不曾有过。

原本这就是一起特殊的案子，特殊的案子应该有特殊的办法。既要遵循传统，又不拘泥于传统，要攻克难关，把案子办好办扎实，必须创新。

至此，突破取证难点的整体思路已经明确——突破重点，厘清主线，点线衔接，印证全面。

此案无先例可循，要重点抓住五条贿赂线。面对海量的取证任务，专案组在每个贿赂链条中抽取出最具代表性的证据目标，明确要求，精准定位，将各贿赂链条的贿赂资金从上至下逐一查证。

取证时须把握两点：

1. 注重实。从外围坐实证据，从人的交往、财务的出进，客观反映 GSKCI 单位行贿的过程。如医药代表贿赂医生的费用没有发票，也不可能有收条，只能用餐饮等发票进行充抵报销，GSKCI 通过貌似合理的审核、报销、列支，从而掩盖真实的贿赂行为。对此，专案组对涉及上述环节的人、事、财、物进行详细调查、核实，还原了 GSKCI 行贿的全过程。

2. 严要求。严格依法取证，依法获取电子证据、财务资料、业务资料、言词证据等，确保证据效力。检察机关提前介入侦查。2013 年 8 月，长沙市检察院派出侦监、公诉处十余名检察官提前介入，确保案件以起诉标准进行取证，力争科学、全面、准确。针对本案的特殊性，专案组打破了基本证据到位即可的传统取证观念，采取“传统+现代”手段完善证据。专案组先后对涉案的 GSKCI 高管、医药代表、外包经销商、政府干部、医生等55名犯罪嫌疑人采取强制措施，约谈GSKCI、旅行社和工商、疾控、医院、广告公司的涉案人员400余人，调取GSKCI涉案的会议资料、视听资料、公司文件、财务资料等数百卷，同时还调取了109G容量的境外财务电子数据，形成了涵盖面广、指向性强、证据效力扎实的证据库。

2013年8月，公安部经侦局在上海召开专案协查部署会，要求北京、辽宁、山东、浙江、四川等13个省、市对涉案公司分头立案，同步取证，协助长沙组卷，达到了“多点证面”的侦查效果。

2014年1月，专案组组成一支五十余人的取证团队，从长沙来到上海，按照专案组预先制订好的取证方案进行大规模取证。参加这次取证的，除了专案组的民警之外，还有检察院、税务等部门的成员。

1月9日，专案组在上海来福士广场51楼开始对GSKCI公司的高管进行谈话，共约谈50人，主要谈26种药品的行贿金额和违法所得。

这中间特别值得一提的是税务局的王喜华同志。他并非政法系统的民警，被派来也是协助专案组查账，完全可以不那么拼命。可这位专家一进到专案调查组，就和公安、检察院的民警一样，天天加班加点，废寝忘食，及时发现了GSKCI各类系统问题，为专案组获取GSKCI商业贿赂犯罪证据作出了重大贡献。

除了面上的取证，还有一个特别行动小组，像一把尖刀一样，直接插进了GSKCI的心脏。

这个小组就是经侦六大队大队长刘勇带领的攻关组。他们历尽艰辛，攻坚克难，最终锁定 GSKCI 在中国的行贿金额，为成功把 GSKCI 推上法庭，画下了浓墨重彩的一笔。

要控告 GSKCI 商业贿赂，得拿出确凿的证据。比如，说他行贿张三、行贿李四，张三、李四都找到了，也都供认受贿，可行贿者到底送出了多少钱？这需要 GSKCI 自己认可，否则一切都是白说。

可要 GSKCI 自己供认很难。如果警方不掌握其犯罪证据，很难击败对方。

现在最关键的是，要准确确认他们行贿的金额，即到底送出去多少钱？

包括 GSKCI 的高管在内，中国警察要确认他们行贿的最终金额，莫说难于上青天，简直就不可能！

然而，刘勇和他的队友做到了。

他们从 GSKCI 浩如烟海的数据库中，找到了 GSKCI 行贿最关键的数据，抓住了 GSKCI 致命的软肋。

寻找发现的过程极为艰辛。

刘勇率领他的手下章文俊、徐粤海、杨师舜等人多次前往上海，负责提取、固定 GSKCI 公司行贿的电子证据。

可这些证据藏在什么地方？

最初，他们什么都不知道。

一开始，GSKCI 就把这些数据隐蔽起来了。这是公司的绝对机密，连普通员工都不知道，外人就更不可能知道。

刘勇坚信，证据一定在他们的数据库里。

但怎么去找呢？

还是先听听刘勇的介绍吧：

攻关组面临的困难太大。困难之一，GSKCI 公司是个跨国企业，他们的这些财务跟国内企业有所不同，最大的困难就是看不懂他们的数据。困难之二，数据库非常庞大，涉及国内的工厂、销售公司等，涉及价格转移。最开始我们根本不知道这个概念。这些全新的东西，我们以前从未接触过。困难之三，他们有意隐瞒财务数据，进口的单据并没集中在公司的总部，是零散的，有一部分在他的工厂……

在数据的保管方面，他们特意作了安排。

当时的数据都存放在国外的服务器里。据后来了解，他们租用的服务器分别在印度和马来西亚，调取数据非常麻烦。

因为涉及法律手续问题，数据系统设计非常复杂，没找到门道的话，看不出任何破绽。这些情况我们也是逐步了解到的。

当时，随着案情不断推进，专案指挥部逐步弄清了他们行贿的脉络、组织架构，认识到有些关键的东西要解决。即他们行贿的资金是怎么来的？在他们内部的审批流程是怎么走的？董事长怎么审理审批，金额到底有多少？

另外，他们的药品获得暴利是怎么实现的？

有暴利才会有资金行贿，通过行贿之后才能获得更大的暴利。他们这样的企业来到中国，肯定是要实现他们的利润，说白了就是要赚钱，而且是赚更多的钱。既要刺激利润，又要避税。而避税，要通过财务方面努力加以实施。

当时，我们去之前，自己做了一些基础的准备工作，围绕前面几个难点做了功课。前期国家税务总局已经安排人员同步在做，发现他们在国内的利润不高。

这是当时的一个疑点，为什么会这样？他们那么疯狂销售，利润却不高，究竟为什么？

接到这个课题之后，我们找一些人问过这方面的事情，先后到人民银行、银监局、国税局、地税局、食品药品管理局等专门机构请教专家、内行，搜集相关资料上千页，恶补了关于跨国财务、税收方面的专业知识，并结合案件需要融会贯通，以令人惊讶的速度和效率，识破并掌握了 GSKCI 单位犯罪的行为特征与犯罪的本质。

尤其难能可贵的是，此案移交到长沙公安机关时，案件涉及的有关财务资料，印证的行贿资金只有几百万元人民币；而侦查员们通过见微知著的非凡洞察力，独到的侦查技能，依据事实，将本案的行贿资金扩充到 30 亿元人民币。

30 亿！

行贿资金 30 亿，怎么来的？怎么被发现的？怎么被锁定的？

过程曲折而艰辛。

我们走访了一些在长沙做药的药企老板，但他们也只是晓得个大概，并没参与其中，不知详情，操作层面的问题无法得到印证。

我们又去了国税局，在那里得到了一点儿启发。什么启发？即了解了国际避税的概念，但还没提及价格转移的概念。大概就是这些跨国公司为了避税，会在低税率、零税率、对资金监控不严的国家和地区注册公司，如此就可把利润留在国外。同时，我们在网上搜集了大量资料，接触到了价格转移的概念。

另外，我们也做了人员上的准备。一个是从我们大队抽调精干力量。相对来说，我们大队对财务这一块的工作还是有一定基础的。同时我们也请了国税稽查局的专家，就避税、跨国企业的财务、税收政策这一块，请他们指导、支持。国税稽查局抽调了两位同志，其中一位就是王喜华同志。

随后我们去了 GSKCI 总公司，从基础工作做起，就像对国内一般企业一样进行查账。

我记得当时首先是把他们账务的框架搞清楚了。即财务上有哪些科目，做账是怎么做的，这些部门每个人负责哪一块，收入怎么做账，费用有哪些，报税怎么操作等。

他们的管理非常专业化。哪个岗位、哪个人做什么事，都有专门的规定，非常复杂。财务部门是个庞大的机构。我们主要是看他们的费用怎么用，30 多个科目的利润多少、报税多少、怎么做，涉及哪些岗位、哪些环节和人，把大的框架搞清楚。经侦、税侦同步进行。

我记得工作量最大的，就是统计那些数据。我们不需要大数字，而是需要细化的，每个科目每个年度是多少钱，要细化到每一笔，工作量极大。

一般电脑都处理不了这样的数据。我们试过，自己带的那种电脑，正常是点一下就打开了，但他们的电脑点一下转一阵都打不开。

这时，我们就有针对性地找他们的财务负责人、关键岗位的人逐步进行谈话。

我们进去的时候，实际上内部什么情况都不知道。

那就找每个人谈话，你在这个岗位的职责是什么，流程是怎么进行的，就你所知整个财务部门是怎么运作的……

如果你只问一个人，就会对整个全貌不清楚。还有一点，就是担心人家欺骗你。比如，财务老总，他有可能有意识地隐瞒，关键的东西就捕捉不到。

因此要逐一谈话，逐一印证。

后来出现了一个关键点，就是他们在海外服务器的数据问题。他们委托的是境外服务商，有报关数据。要了解他们境外服务器的内容，就牵涉到两个方面的问题，一个是怎么弄到他们保存在境外服务器的数据，另一个是法律方面的问题。

解决它有两个方案，一是通过国外的警察机构调查，二是要求他们当着我们的面与国际服务商联系，找到我们需要的东西。即作为顾客，要求对方把数据传过来。

在这个过程中，我们又担心他们搞鬼。

于是我们继续找他们谈话，告诉他们，隐瞒、销毁法律证据的后果。他们也表示要请示总部，得到许可之后再配合我们。实际上我们进行的每一步，他们都要请示总部。

经过几个来回，反复施压，我们在外围也调查出了一些资料。而且经过大批量的谈话，他们也不知道自己的员工说了些什么，他们心里没底。这对他们也是一种威慑。实际上，他们也不知道我们掌握了多少东西，双方都在打心理战。最后他们只能实事求是跟我们说。

我们与他们谈话，是在附近的一个房子里。我们专门租了一间大房子，里面隔了好多个小隔断，如同公司员工的工位一样。

在这个过程中，出现了一个波折，就是印度那边的数据怎么传过来，以及把数据调回来后，对这些最关键的证据怎么提取的问题。

专案指挥部对此专门进行研究，安排市局网技支队司法鉴定所的朱燕军大队长和工程师郭晨阳全程参与，提取电子证据。

根据以后庭审要求，提取证据必须由专业的、有资格的司法会计师去做，才具备法律效力。我们又请了司法会计鉴定所的专职司法会计提前介入，和我们一道提取证据。

备份数据，实际操作是由 GSKCI 公司的人员负责，我们对此全程录像。

办案证据要求，既要有电子数据，又要有纸质数据。印度那边不加班，到时间就下班，今天没干完的事明天再来。而要打印数据是需要比较长的时间的。我们没有派人过去。而是通过 GSKCI 总公司，请他们将我们需要的整个数据打印发给我们。他们有专业的复印公司，带来庞大的复印设备，过来当着我们的面进行复印。这个过程也是全程录了像。

事实上，前期谈话都是泛泛而谈。到这时，涉及具体行贿的内容，谈话就必须有针对性，哪一笔开支是怎么处理的，怎么入账，怎么走流程，哪个人经手的，哪些医生参入了，向谁行贿，行贿的金额是多少，都要一一和数据对应。

这个要求非常高，书证和口供要完全对应，才能形成一个完整的证据链条。

另外，还要对医院的医生进行取证，GSKCI 公司的人交代的是否属实，该医生有没有接受贿赂，参没参加他们的会务，等等。

做好这一系列工作之后，我们再找他们中国区的财务老总谈话。即对下面员工交代的问题，层层上推，最终得到公司高管的印证。

财务老总是英国人，不懂一句中文，我们为其配了一个翻译。谈话由杨师舜和徐粤海两人具体负责，我在后面指挥。当时，徐粤海患了严重感冒，但一直坚持，谈话两天，圆满完成了审讯任务，获得了重要口供证据。

关于价格转移这一块，我们在待查取证过程中同步进行，自己再查找相关资料：将海关的价格与国内的价格进行比对，同一品种的药，在中国是什么价格，在国外又是什么价格，有多少价格差。

通过数据比对，才发现，他们向总部申请的时候，中间经过了一个避税港，即从原料生产厂家——海外生产厂销售一次，再到避税港，从避税港再到中国来，这样就把利润留在了国外。这是跨国公司的通用做法，在法律上是追究不了其责任的。对此美国曾通过立法，规定不准把利润留在国外。

对此，侦查员杨师舜（一个参加工作两年的年轻民警，金融、财会专业本科毕业后考进公安系统）谈到了以下情况：

价格转移，看起来复杂，实际上并没有什么高科技。把纳税的主体留在国外，他们的药，是药粉，是原材料。进口到中国来，由出厂价，再调至他们进海关的价格，原材料价格和进海关的价格，这两个价格差别很明显，这就把大的利润留在了国外。

通过外部协调，他们才出示了原材料的出厂价给我们，这是公司绝密，涉及商业机密。但专案组要调查，他们还是配合了，提供了这个绝密资料。

他们在某附属岛国，把出厂的原材料出口到那些岛国，这些岛国基本上税收都很低，甚至零税率，然后再由岛国出口产品到中国来。此时其价格已经非常高，不只是翻了几倍、十几倍，甚至是上百倍了。销售的利润还是留在中国。

为什么会有这个销售模式？最主要的是海关的资料。

有几个关键点：生产厂家的出厂价（公司绝密）被我们弄到，然后通过比对海关报关资料、医院的销售价，发现中间的问题出在哪里——利润留在海外，海外岛国的价格巨高，形成了药价居高的重要环节。

另外，我们从网上也搜索了一些资料，即他们在韩国、日本销售的情况等。

要定罪就要有证据，该公司行贿多少？怎么行贿？向谁行贿？必须有铁的证据。

我们驻扎在该公司总部附近，每天他们 9 点上班，我们 8 点 50 分就等在门口，和他们一起上班。

我们在总部附近租了一处房子，在那里与员工进行逐一谈话，法律名称叫询问。我们抽了他们两个人和我们一起查证，一个是懂电脑的，另一个是懂财务的，单独来一个都不能解决问题，两人一块儿来对我们有很大帮助。因为其公司财务系统特别复杂，你单独去查，很难摸到门道，有了这两个年轻人，使我们少走了好多弯路。

通过与这两个人谈话、接触，请他们吃饭、喝咖啡，终于使他们全力配合我们。我方提出什么要求，只要他们能解决都予以解决。但有一点，其绝不主动提供、告诉我们关于他们犯罪的任何线索。

我们在那里待了两个月，大概是10月、11月。

简单地说，我们首先要拿到他们行贿的数字。数字怎么来?第一步就是查他们的数据。可这个数据太大，如果全部去查非常麻烦，要耗费大量的时间、精力。怎么突破?怎么以最短的时间获取最关键的证据?张慧副局长定了，派一组查阅他们的财务数据，从数据上突破，以数据说话。实际上，这是关键证据，任何单方面说的都不能在法庭上站住脚。他说多少不可信，我们说多少也不会被采纳，最终只有财务数据，才能起到真正的作用。

他们的数据库，叫Oracle数据库。

很多东西，我们在去之前，听都没有听说过。只能在办案过程中不断学习，用工作来推动学习，再用学习来完成工作。

我们采取了一项过硬的措施，就是用摄像机一直对着他们的电脑，拍下他们操作的全过程。如发现其有所隐瞒，就肯定要追究。

因为书证并没有现成的，必须要从他们大量的业务数据中发现，然后提取、锁定、备份、打印，才成其为证据。同时，证据要按我们要求进行筛选、排列、固定。专案组会随时开会予以指导。

当时，侦查员徐粤海患了严重感冒，还引发了肺炎。

两人与财务总裁谈话。财务总裁是英国籍，叫潘智明。

这又出现了一个问题，一般的翻译做不了这事，其必须要懂财务，还要懂公司的基本业务，比如药物的名称等。我们提前跟翻译接触了，了解了一些基本情况。谈话在二总队进行，持续了两天，对方最后认可了我们获取的证据，包括行贿的金额。

他（财务总裁）讲的话非常严谨，因为他早就咨询了律师。最后也是通过审讯突破的。审讯一个完全不懂中文的英国人，实际上有很大的难度。每一句话都要进行翻译，而有时审讯的语言通过翻译，话就变得软绵绵的了。另外，他做解释，也有一个过程。

整个审讯中间没有换人。晚上我们搞得很晚。王喜华非常不错，和我们一起连轴转，没有半点儿怨言。

那段时间，我们每天吃了早饭就走路去 GSKCI 公司，好像我们也天天在那儿上班一样。

面对我们的提问，他们内心有所隐瞒，但表面上非常配合，这个度把握得非常好。如我们不问，他们绝对不会主动讲。

还有个细节，他们行贿要分成很多小类，哪些类是用来行贿的，他们最清楚，但他们绝不会主动说出来，而需要我们一个一个去发现。他们的一级科目、二级科目、三级科目，呈树式，我们要抽丝剥茧般进行分析。

刘勇这时候插话道："他们从内心里看不起我们。这个财务总裁有着在全球四大知名企业工作的经验，最初是不把我们放在眼里的。在他们眼里，觉得我们是土包子，不一定能发现他们的门道。"

……

这中间有个插曲，中国警方向 GSKCI 公司提出要调阅公司数据，这边的总裁做不了主，就请示总部。

总部的最高决策者当时也没把中国警察放在眼里，听说要调阅他们海外服务器里的数据进行核查，满口答应，行，他们要调就调吧，给他们看也看不懂，这些土包子！

这话传到侦查员的耳朵里，大家实在咽不下这口气。

长沙警察还真就不信邪，骨子里湖湘文化那股犟劲儿又起来了。你看不起我，我就偏要做给你看看，我就不信我这个“土包子”攻不下你这个“堡垒”！

人都是为了一口气而活着。

这口气肯定要找一个地方出。可又不能去骂人家，更不能打人家，也没必要跟人家争和闹，都没意义。那最要紧的就是，你得抓住他的犯罪证据。中国有句俗话，“打蛇要打七寸”。那么，GSKCI 的“七寸”在哪里？

一定在他们的电子数据里。

一定要拿下这个堡垒！

“谋成于密而败于泄，三军之事莫重于密。”“凡事预则立，不预则废。”副支队长陈耀松在笔记本上工工整整写下了这两句话。

他时常提醒自己和队友，一定要坚持，要缜密，要一丝不苟。

GSKCI 公司是讲合规的，台面上看不出任何破绽，有些账目是英文做的，还用了国外的会计准则。显然，其对涉案资金进行了伪装。

谈了那么多话，GSKCI 内部的门道已经了解了不少，突破只是时间问题，但需要一个契机。

什么事都要找对人。有一个人至关重要，此人是香港人，姓潘，中文的账和英文的账都要汇总到他那里。他就像一座桥梁，将国内的这些数据转变成英文报到总部去。

争取这个人的支持非常重要。据称，掌握 Oracle 的使用技术就能获得月薪几十万，就可以被聘为公司的高级职员；潘某某就掌握了这门技术，就成了 GSKCI 的高级人才。

刘勇和他的手下反复跟潘某某做工作，动之以情，晓之以理，讲清利害关系。

潘某某既是 GSKCI 的高级人才，又是个懂法律的人，经过警察的再三说明，他明白不应拿自己的前途命运做儿戏，不该为隐瞒事实把自己搭进去。最终，他愿意配合公安机关开展工作。

在潘某某的配合下，刘勇的攻关组终于发现了 GSKCI 公司的秘密。

在 GSKCI 公司的数据库中，发现了很多系统，最重要的是 e-form系统，该系统的业务数据最真实，从中发现了一些重要科目，核算的内容。

专案组将上面与资金无关的内容予以剔除，模棱两可的内容也分离出来，最终让 GSKCI 公司对我们查找出来的行贿的金额予以认可。

最终查明：自 2009 年 1 月到 2012 年 12 月，GSKCI 公司行贿金额总计为 28.53 亿元人民币，牟取违法所得总计 82.11 亿元人民币。

这是一个极为重大的突破。

这一次成功取证，成为整个案件最终定罪的重要依据。

二十七、商业贿赂脉络

GSKCI 公司在中国的商业贿赂是一个庞大的系统工程。

它有全面的商业贿赂计划，采取了一系列的措施执行落实，行贿的网络延伸到中国医药界的每个角落。

当中国警方揭开它光鲜的面纱，其真实嘴脸才显露出来。

单位犯罪，五个贿赂链条，五十四名犯罪嫌疑人，五个罪名：对非国家工作人员行贿罪、单位行贿罪、对单位行贿罪、非国家工作人员受贿罪和受贿罪。

罪名五花八门，犯罪事实名目繁多。哪种行为属于哪种罪名？为什么构成犯罪？是怎么构成犯罪的？在一般不熟悉其行内业务的人看起来，显然有如雾里看花。

为了让更多人看清 GSKCI 在中国商业贿赂犯罪的真实面目，这里有必要厘清 GSKCI 在中国商业贿赂的总体脉络。

从犯罪构成的角度看，无非一看犯罪动机，二看犯罪事实。

一、单位犯罪动机、单位犯罪意识的形成。

GSKCI 公司在药品销售中的行贿犯罪行为，是由其单位决策并组织实施的。单位决策，真正有明显用行贿手段促销的意图始于马克锐。

2009 年 2 月，马克锐任职 GSKCI 公司处方药部总经理后，在人力资源部张某维等人的支持下，取得了 GSKCI 中国最高管理委员会的主导权和处方药部的决策权。

从这个时候起，他的经营理念就有了明确的导向：改变公司此前追求利润指标最大化的经营理念。马克锐始终强调："改变以前仅重视利润而不重视销量的思维；改变以前保守的销售方式，要利用行业中普遍使用的激进方式包括给医生回扣的方法销售；改变销售部的地位问题，所有部门要为销售服务，人事部门要招聘更多能拉动销量的领导及销售人员"，提出"销量第一"的导向，并明确指出"没有费用就没有销量"，要"购买销量"。由此，公司制订出用贿赂模式追求药品销量的核心经营策略，此即贿赂销售意识的形成。

然而，有了贿赂销售意识还远远不够，还必须有相对的措施、手段跟进。

管理层主要从三方面跟进。

一是人员上予以保证，改组人员构架，形成贿赂的拉力。

先是采取"转移价格"等手段虚抬药品价格，将行贿成本预先计入药品成本，继而改变公司原有架构，将原来的单一销售团队改组为四个销售团队和一个商务团队；先后选拔有贿赂销售经验的梁某、黄某（女）、陈某波和张某国等人担任相关部门总经理，由金某芳等按各部门的销售需要，分配和支付贿赂资金，并不断扩大销售队伍。

仅 2009 年就新增 1000 多名销售代表，三年内销售团队由原来的 1000 多人扩充到 4000 多人；又通过张某维组织人力资源部策划了多次全体员工年会、领导力峰会和销售精英俱乐部等宣传和培训活动，在GSKCI公司积极建立和完善贿赂销售模式，推动和组织公司人员向有关医疗机构和医疗从业人员大肆行贿，以谋取行业竞争优势，达到尽最大可能扩大药品销售的目的。

二是设计贿赂制度，从管理机制上助推贿赂销售。

公司制订了新的《科学和推广务实指南》、《医疗保健专业人员付款流程指南》、《赞助捐赠操作流程》、销售工资奖金制度、差旅费及业务招待制度等重要制度，放宽贿赂范围，用各种“假合规、真贿赂”的名目掩人耳目，通过“给人、给钱、给奖金、给指标”不断助推销售，形成了“一切以销售为导向”的企业文化和一整套制度。

具体措施：其一，将各级医药代表的工资、奖金100%与药品销量直接挂钩；其二，将各部门的销售、市场、推广费用100%与药品销量直接挂钩；其三，每年增加28%的销售指标，积极鼓励员工向医生行贿以“购买销量”。

三是纵容贿赂行为，排除贿赂阻力。

在公司内部，内审部门越来越多地查处各地医药代表使用假发票套取销售费用的情况下，马克锐和张某维明知其涉嫌行贿，但仍主导GSKCI公司最高管理委员会对违规行为不作深入追究和处罚，极力回避和掩饰涉及公司的商业贿赂问题，努力维护贿赂资金的输出、流通渠道。对由此引发的各级医药代表大量虚开发票和虚构会议支出报销的问题，GSKCI公司及其上述犯罪嫌疑人明知其主要是套取现金用于行贿，仍组织其内审部、法务部、合规部和人力资源部等部门极力回避和掩盖涉及其中的单位行贿问题，只是对员工个人的职务侵占或者使用假发票的行为进行合规处理。

在公司外部，GSKCI 商业贿赂势必引起相关部门的查处。2009 年以来，全国有十多个省、市的二十六家工商部门不断接到对 GSKCI 涉嫌商业贿赂的举报。怎么应对？怎么灭火？马克锐组织由赵某燕牵头、梁某等人具体负责、各相关部门配合的危机公关部，采取“以贿赂掩饰贿赂”的手段，先后向北京、郑州、上海等地工商行政执法人员行贿，全部达到了工商部门不以商业贿赂处罚的目的，最终均被公安机关查获。

二、单位犯罪行为，即主要犯罪事实。

GSKCI 公司五大贿赂链条遍及全国。哪五个贿赂链条？

其一，药品自营销售贿赂犯罪链条。

该犯罪主要以 GSKCI 公司时任处方药部总经理马克锐为首，副总裁、企业运营总经理梁某、黄某（女）等分管的处方药销售和辅助团队操作实施。比如，李某龙（肝炎事业部总经理）等人的贺普丁药品销售贿赂链，专案组已经查实湖南省内 12 个地州市的 28 家医院的医生接受过 GSKCI 医药代表的贿赂。在全国其他省市，GSKCI 采取相同的模式进行贿赂推销。

又如，2011 年至 2012 年推行的“长城计划”，GSKCI 公司组织多部门配合，使用 1700 万元资金，由肝炎事业部的销售团队向全国 120 家重点医院的药剂科分别赞助 5 万至 10 万元不等，要求并导致这些医院不采购其他医药公司的贺普丁同类产品。2012 年至 2013 年推行的“龙腾计划”，GSKCI 共预计用 3600 万元资金（已花去 2500 万元）在全国选择 180 家贺普丁销量靠前的医院，根据销售量增加肝炎事业部相应医药代表的“科室会”、“院内会”费用，向科室处方医生行贿，以阻止这些医生使用其他医药公司的贺普丁同类药品。

其二，外包药品销售贿赂链条。

在外包药品销售贿赂链中，GSKCI 为规避贿赂销售法律风险，以支付推广服务费的形式将药品外包给江苏泰凌医药等七家公司代销，并全盘复制其贿赂销售模式对医生行贿。

2008 年以来，泰凌医药公司总代理 GSKCI 复达欣药品销售 2758 万支，支付给 GSKCI 约 13 亿元，GSKCI 从中支付泰凌医药公司“推广服务费”5. 5 亿元。泰凌医药公司全部照搬 GSKCI 贿赂销售模式，并接受其培训，按零售价的 10%向处方药医生进行现金行贿。

其三，疫苗销售贿赂链条。

2008 年下半年至 2011 年，为在疫苗销售终端打压竞争对手，实现疫苗销售“两年翻三番”的目标，GSKCI 组织实施了“冷链计划”，对全国 325 个疾控中心、1167 个疫苗接种点分别行贿。该项目主要由陈某波组织高某玮、屠某明和施某敏等疫苗事业部管理人员策划，在犯罪嫌疑单位上海临江国际旅行社和犯罪嫌疑人翁某雍的配合下实施，由黄某等项目和有关合规人员进行了审核并掩饰。

三年中，GSKCI 向某预防医学会共计“捐赠 1460 万元，某预防医学会实际上仅收取其中 156 万元的”管理费，其余 1304 万元资金由 GSKCI 指定支付到上海临江国际旅行社，再由 GSKCI 疫苗事业部指使上海临江国际旅行社，按照各地疾控中心和接种点的要求和各单位采购 GSKCI 疫苗的数量，分别向这些单位行贿小汽车、摄影摄像设备、液晶电视机及冰柜等物资，总计价值 1031 万元。通过上述行贿行为，GSKCI 公司 2008 年的疫苗销售额达 6.7 亿元，比 2007 年增长 51%；2009 年销售额达 9.2 亿元，增长 37%；2010 年销售额达 12.6 亿元，增长 32%，销售量为全国榜首。

其四，“大客户团队”贿赂链条。

“大客户团队”贿赂谁？贿赂医院领导、药剂科科长以及医生。2009 年 4 月，马克锐在处方药部成立“医院大客户团队”，并全权交由黄某（女）负责组建和管理。在组建过程中，马克锐表示该团队职责就是处理与医院药事分管院长和药剂科科长的关系，保证 GSKCI 药品能够打入目标医院。

怎么保证？一方面增加编制，给 60 个人的编制指标组建“大客户团队”；另一方面砸钱，每年拨经费 700 万至 1000 万元。黄某（女）提出推行国内医药行业的潜规则——“带金销售”(即贿赂销售)。马克锐默许，明确表示要用“非常规”方式打开医院大门。

行贿模式：一是出资赞助重点医院分管药事的副院长、药剂科科长参加第三方主办的各种学术会议，同时邀请他们旅游、娱乐；2009 年至 2012 年，这种会议总计举办 1281 次，赞助费用 3088 万元。二是直接行贿，主要采取虚构会议、虚增费用等方式，通过旅行社套现行贿。三是组织“大客户团队”配合处方药肝炎事业部销售团队开展“长城计划”，推销 GSKCI 自己的贺普丁，阻止其他医药公司的贺普丁同类药品的销售，确保独家销售。

其五，危机处理贿赂链条。

这就是上面多次提到的GSKCI公司危机公关处理机制，以贿赂掩盖贿赂。

2010年2月，马克锐升任GSKCI中国香港区副总裁兼中国处方药部总经理；2012年11月，升任GSKCI董事长、总经理、法人代表，在张某维、梁某、黄某（女）、赵某燕和陈某波等人的支持下，他始终采取贿赂销售模式组织销售，建立自营药品销售、外包药品销售、“冷链”（疫苗）销售、“大客户团队”销售、危机公关五大“贿赂链条”，形成了医药代表贿赂医生、地区经理贿赂大客户、大区经理贿赂VIP客户、市场部贿赂专家、大客户部贿赂机构的贿赂网，贿赂销售行为涉及全国各地。

这种模式，一是组织自营药品销售部门和外包销售商采取按照处方量向医生支付回扣或报销费用的方式；二是组织事业部、服务部等辅助部门采取有目的的赞助、捐赠的方式，有针对性地向目标医疗机构或医疗从业人员长期贿赂，以非法手段保障公司药品的销售渠道畅通和提高销售数量，或者成功阻止其他同行进入目标医院销售。

同时，GSKCI公司组织其财务部门采取在集团公司内部虚假交易的手段，将在我国通过行贿犯罪攫取的绝大部分违法所得转移到境外结算。自2009年1月至2012年12月，GSKCI公司采取这一模式行贿数额达28.53亿元，牟取违法所得总计82.11亿元。

这些犯罪成本及非法所得，实际上都被GSKCI公司通过虚抬药价，转移给了中国患者和国家医保财政资金承担。

二十八、药价虚高的推手

中国的药价居高不下，尤其是进口药，贵得离谱，患者苦不堪言。而 GSKCI 公司销售的药品，更是比同类药品贵之又贵。

奇怪的是，该公司的药品销售近年来一路走高，销量节节攀升。又贵，又销售极好，实在令人费解。

GSKCI 销售看好的几种常用药，药价究竟怎么虚高呢？

GSKCI 公司在中国的药品价格明显高于其他国家。

以贺普丁 2012 年 5 月出厂价为例。

国家（或地区）　出厂价（元）　价格比：

中国　142

韩国　18　788.88%

加拿大　25.19　562.71%

法国　28.68　495.87%

英国　29.84　475.87%

中国香港（地区）　30.51　465.40%

德国　39.95　355.71%

日本　51.19　277.39%

这中间，上述国家及地区的价格比我国价格最多高出 7 倍，最少也高出 2 倍。

又如河雄力，在中国内地出厂价最贵。其 2013 年 2 月出厂价如下。

国家（或地区）　价格（元）　价格比：

中国　182

日本　103　175.85%

香港（地区）　59.92　303.76%

GSKCI 的药品在中国销售，没有一种药不比周围国家或地区贵，有的高出几倍甚至十几倍。可卖得贵，还销售量大；销售得多，公司还“亏本”：2008 年至 2012 年，公司财务报表情况是，公司主营业务收入 39.78 亿元、48.62 亿元、55.29 亿元、67.75 亿元，而同期的营业利润为 1.9 亿元、-0.47 亿元、0.60 亿元、-1.88 亿元。

卖得越多，亏得越多，这究竟是为什么？不赚钱他还卖什么药？这不是天大的笑话吗？

这是一朵奇葩。这朵奇葩在中国绽放得如此“灿烂”，红如鲜血。实际上，它吸的就是中国患者的鲜血。

药价如此之高，销售又如此之好，却不赚钱，这显然不正常。凡是不正常的事情，背后一定有推手。这个背后推手你看不见，摸不着。这种反常现象在中国持续了四年，从马克锐担任 GSKCI 实际掌权人开始，到本案立案侦查，GSKCI 药品销售一路狂飙，击败无数对手，真正实现了他们所谓的“销售为王”，多款产品成为国内的龙头老大。

随着侦查的进一步深入，专案组终于揭开了 GSKCI 伪善的面纱。

这个秘密就是，GSKCI 采用了一种叫价格转移的手段。

何谓价格转移?

最初，专案组的侦查员谁都不懂，从来没听过这个词。GSKCI 在价格上面做的手脚，一般人根本无法看透。

侦查员只知道他们在中间做了手脚。到底怎么做的？如何实现他们的利润？侦查员并不知道。但这并不妨碍专案侦查员对 GSKCI 犯罪手段、方法的研究探讨。

GSKCI 遇到了长沙这些“霸蛮”的警察，他们的商业贿赂之路就走到了尽头。他们再怎么狡猾，侦查员也要把他们吃透。专案组发现了 GSKCI 的价格转移作案手段之后，就把它当作一个新课题来研究，派专人成立课题组，有点儿像大学、科研单位做科学研究。六大队大队长刘勇、二大队原大队长刘政科都曾对价格转移进行了专门研究，副支队长陈耀松也成了这方面的专家。

为了弄明白什么是价格转移，弄明白 GSKCI 是怎样实现他们的价格转移，刘勇、章文俊等人日夜公关，找资料，请教专家，走访药监、物价、海关、发改委等部门，反复研究探讨，剖析几种 GSKCI 常用药，如贺普丁、贺维力等，深入其中，最终总算看清了门道，写出了专题报告。

“价格转移”又称“转移定价”，是跨国企业在母公司与子公司、子公司与子公司之间采用内部价格进行关联交易，提高商品终端价格，从而实现利润最大化的一种手段。

GSKCI 的主业就是销售药品，为实现药品高价销售，GSKCI

通过转移定价，由 GSKCI 总部指令设在低税率国家的海外子公司，将低成本药品（含原料药）虚抬价格出口，再由 GSKCI 采购进口，并以虚高的口岸报关价为基数，以原研药等名义向国家发改委申请单独定价，从而获批高价药。

原产国公司把要赚的利润确定好，把原产国的零售价格作为另一个国家的成本价，再实行一套价格策略。还有的是原料再加工，如西力欣，原料在英国，到塞浦路斯加一次价，把大部分利润留在境外，到了中国市场再虚抬药价。

我国的化学药品关税为 30%，但爱尔兰和我国同属 WTO 成员方，在关税上相互享受最惠国待遇，我国从爱尔兰进口只需缴 3%的关税。而 GSKCI 通过转移定价，采用内部价格进行关联交易，提高商品终端价格，从而实现公司整体利润最大化，手法就是增加环节造假，编造虚假的成本表，人为在关联企业之间增加贸易环节，虚增成本。GSKCI 将其转移定价后的口岸价作为定价基数，即不从生产国进口药品，而由 GSKCI 总部设在爱尔兰的关联公司先从生产国进口，再由爱尔兰出口到我国，并大幅提高口岸价格，为发改委单独定价做好增高的准备。

其做法初衷，一是为避税，把利润转移到低税国家，使利润最大化；二是规避各类风险，如政治、经济、外汇管制等，最真实的目的就是把利润留在境外。

新药进口到中国前，GSKCI 公司便会启动如下的“倒推计算”价格过程：

第一步：开展国内市场价格调研。一是参考其他跨国药企相同或者相近的药品确定价格；二是如果属于原研药，“想卖多高的价格就定多高的价格”。

第二步：将价格报给 GSKCI 公司财务部。

第三步：GSKCI 公司将定价需求报给 GSKCI 总部的 TP 中心（全球价格转移中心），计算出成本价和在中国进口的口岸价。

第四步：TP 中心认可后，GSKCI 公司按照总部计算的口岸价进口药品，这时口岸价已远高于成本价。

第五步：药品进口后，GSKCI 公司按照已经转移定价的口岸价，向国家发改委申请单独定价；发改委依据申报资料，以口岸价为基数批准 GSKCI 公司在国内销售的药品价格。

“这一过程，也叫转移定价。”犯罪嫌疑人之一、原 GSKCI 公司副总裁兼疫苗事业部总经理陈某波介绍。这是跨国公司实现利润最大化的一种主要方法。在原产国分公司把要赚的利润确定好，把确定后的（原产国）零售价，作为销往另一个国家分公司的成本价。在这个基础上，再实行一套价格策略，确保在另一个国家能够盈利。

虚高的药价，加重了病人的负担。

一种药品里，差不多 30%～80%的费用是在流通环节。药品的成本是非常低的，即使是外资品牌，研发投入巨大，但一般一两年就收回成本了。

由此可知，转移定价是导致药价虚高的主要因素。

按照正常的市场规律，药价越低，销售越多。由于 GSKCI 的药品销售价格偏高，只有采取贿赂手段才能占领市场，由此造成贿赂销售成为其主要模式。转移定价掩盖了进口药品的真实成本，将 GSKCI 在我国境内销售药品的大部分收入以业务成本名义转出，实现了向海外转出利润的最大化，也降低了 GSKCI 在我国国内的企业所得税应纳税额；同时，还将国内大部分营业利润以营销费等名义，直接转为药品销售贿赂费用，贿赂越多，销量越大，促进并保障了高药价赖以维持的市场份额，实现了逐年攀升的高销售收入，为单位犯罪提供了丰厚的“灰色资金”。

高药价是转移定价的必然结果。而后续贿赂销售，是解决高药价背景下增强竞争力、扩大市场份额、提高销量、实现利润的必然选择。

由于转移定价的存在，使 GSKCI 公司能够在我国境内利用单独定价、自报药价基数等机制漏洞，获得高价销售的准入，从而实现逐年攀升的高利润。而其所获取的高利润又为 GSKCI 实施商业贿赂等违法活动、非法占有市场份额、维护高位销量、打通医保招标等通道，提供了丰厚的“灰色资金”支撑，造成“转移定价—高药价—获取利润—贿赂通关—获取更大的利润—进而更大范围地贿赂通关”的螺旋式上升的恶性循环。这成为导致群众看病用药负担重、国家医保支出多、国内药企市场萎缩的一个重要原因。

转移定价和贿赂销售，使 GSKCI 基本垄断了我国国内相关领域常用药及高端药品的市场，极大地削弱了国内医药企业的创新能力，挤压和蚕食了国内医药企业的生存、生产和销售空间。

以往，国内很多专家在分析中国药价过高的原因时，列出了众多因素。其一，中间环节层层加码所致。药品从生产到使用，有着一条很长的链条，涉及厂家、医药代表、医药代理公司、医院、医生以及药品招投标管理等部门和人员。其二，国内药品的定价机制决定的。作为药品流通终端的医院，实行的是药品加成制度，药品成本越高，医院的盈利就越大。其三，商业贿赂是药价虚高的幕后“推手”。流通中各个审批环节和药品公关贿赂的灰色成分，最终也都加在价格上。业内人士指出，零售价高于出厂价数百倍的药品并不罕见，在巨大的利润“蛋糕”中，很大一部分是给医院和医生的回扣。

这些的确都是药价虚高的重要推手，然而有一点，过去很多人没有意识到，就是价格转移。这才是进口药品价格居高不下的最大背后推手。

GSKCI与其他外企更不同的是，它不仅要把利润转移到境外，还要在中国追求最高的销售量。

如果不是侦破此案，也许中国药价居高不下的难题永远难以破解。或许有人知道其中的内幕，但出乎利益的考虑，没有人来捅破这一层窗户纸。这将致使中国患者永远要背负高价药的沉重包袱，中国医保永远要为高药价埋单。

中国警方破解了药价虚高的难题，揭穿了价格转移的真实内幕，这是打击大型跨国企业犯罪一次成功的尝试。这一行动，为维护民族利益作出了重要贡献，可谓功不可没。

二十九、发改委里的内鬼

这一天上午9点，在公安部一间小型会议室里，根据中央政法委的安排，正在举行“5·09”案件的通气会。参加这次通气会的有国家发改委、外交部、食品药品安全局、药监局等部门。

会上，公安部经侦局政委高峰同志通报了GSKCI案件侦破情况。这也是为了即将向媒体公布GSKCI经济犯罪案件前向相关部门通报情况。

高峰政委通报完情况，谁都以为这个会议就该结束了，却不料突然有一个人站了出来。

他不说公安机关这个案子如何办得好，相反，他强烈反对公安机关侦办这起案件。

他说：“这个案子怎么会构成犯罪？根本就不构成犯罪！”

高峰政委惊讶了，这是他第一次听到反对的声音，第一次从政府机关内部听到认为GSKCI的所作所为不构成犯罪的说法，这实在有些不可思议。

事实上，不只是高峰政委感到惊讶，所有参加会议的人都感到惊讶。

这个人怎么会在这种场合跳出来如此迫不及待地反对公安机

关侦办此案？怎么会在相关部委联席会议上公开否认 GSKCI 的犯罪行为？

这人是谁？跟 GSKCI 有什么关系？

此人叫郭某英，是国家发改委派来参会的代表，时任发改委价格司副巡视员，曾多年担任发改委医药价格处处长。

怎么国家发改委派来参会的代表会反对公安机关对此案的侦查？是发改委反对，还是郭某英本人反对？

但现在不需要跟他解释 GSKCI 为什么构成犯罪，怎么构成犯罪，细节不是一两句话能说清楚的。通气会没必要吐露更多的案情。

所以，高峰政委态度非常坚决地说："我不是征求你的意见，这是中央政法委决定了的事情，此案今天必须向媒体公开。"

郭某英本企图阻止将此案公布于世。但见高峰政委态度如此坚决，他知道他的反对是无效的，也只好不再多说什么。

这天中午，中央电视台的《午间新闻》公布了 GSKCI 在中国的经济犯罪案件的相关情况。

而就在中央电视台公布此案的第二天，网络上有人发帖，替 GSKCI 公开辩护。

当时新闻里讲了 GSKCI 公司的某种药在国内卖得很贵，每盒卖到二百多块，比周边国家和地区贵得多，韩国、日本都只卖几十块钱一盒。这个帖子就说，其在中国是一盒一盒卖，而在韩、日等国是一片一片卖，一片要二十多块，一盒二十多片，人家一盒要卖四百多块，比我们中国还贵。

这完全是混淆是非、扰乱视听，买药都是一盒一盒买，谁会一片一片买?

GSKCI 的这种药在中国比周边国家和地区卖得都贵，高出好几倍，这是一个不争的事实。这个帖子怎么会颠倒黑白？会不会是 GSKCI 在背后捣鬼，干扰公安机关破案，制造混乱?

公安机关立即着手调查。

一查，发现此事的幕后指挥正是郭某英，跟 GSKCI 没有关系。

这个舆情马上反馈到公安部，公安部随即将此情况报告了相关部门。

郭某英为什么要替 GSKCI 说话？为什么反对公安机关对 GSKCI 查处？又为什么公开发帖妖言惑众?

此人一定有问题。

他有什么问题，暂时不是公安机关侦查的范畴。但他的行为极为反常，却引起了公安机关的怀疑。

随着“5·09”专案组对整个案件的进一步侦查，郭某英的狐狸尾巴终于露了出来。

专案组抓了一个叫林某的犯罪嫌疑人，此人供出了一些 GSKCI 高层与国家发改委的联络。

林某原来并不在 GSKCI 工作。2006 年，他在诺华公司工作时，因为工作关系认识了发改委的郭某英。

当时，发改委决定将诺华的一种药的价格降价比例定为 15%，林某受诺华公司委托，去请郭某英帮忙。

而此事正好是郭某英所管，他当即满口答应，将诺华的那种药的降价比例改为 7%。

林某为此送了郭某英一张5000元的购物卡。随后不久，诺华公司邀请发改委郭某英等人到印度等国家考察过一次，出资48万元。林某和郭某英还互赠了价值2000元的礼物。

郭某英得到了好处，可多少人却要为被他一笔勾销了8%的药价埋单，受损失的是无数患者。由此可见，在他心里，没有原则，没有国家，没有百姓，只有利益。

2009年，林某到GSKCI工作。当时，GSKCI有一种药叫万他林，要在中国销售，涉及销售方向问题，公司负责人就找了林某，请其出面找发改委的郭某英，打通关系。

林某电话联系了郭某英，说要将公司总裁马克锐介绍给郭某英认识。其时马克锐、林某都在上海。听说林某联系上了郭某英，马克锐立即从上海飞往北京。

以前马克锐一般都坐头等舱，这一回走得匆忙，也顾不上那么多了，坐经济舱到了北京。林某随后也赶到北京。在林某的撮合下，马克锐与郭某英见了面。

马克锐向郭某英询问万他林在中国如何销售更好。

郭某英为马克锐分析了中国基本药目录出台的背景和体系，建议万他林不要进基本药目录，而是进医保目录。

马克锐采纳了郭某英的建议。

根据掌握的郭某英的问题，经请示有关部门批准，专案指挥部决定选派教导员黄佳和另一名负责同志针对郭某英违法行为进行秘密调查。

秘密调查持续了三个月，几名参战民警多次往返于长沙、北京等地。调查发现，郭某英犯有严重的经济问题，如接受他人馈赠6850股“天房发展”股票等；另外，还获取了其大量经济犯罪的证据。至此可以肯定，此人违法犯罪是铁定的事情。

黄佳等人立即将调查情况报告专案指挥部，得到指示：将所有调查证据封存在保险柜中，等待上级处理意见。

随后专案指挥部及时将郭某英违法犯罪情况报告了相关部门。

2014年9月19日，GSKCI商业贿赂案件在长沙中级人民法院审判，GSKCI公司和马克锐等人受到了法律制裁。此时，长沙市公安局经侦支队的大部分专案民警已经转移到北京侦办另一起特大经济案件，黄佳也在北京。GSKCI商业贿赂案件宣判之后的9月21日，黄佳突然接到上级指示，叫他立即赶回长沙，将封存在保险柜里的郭某英违法犯罪证据送往北京。

黄佳当日下午即从北京赶回长沙，连家都没回，从保险柜里拿出那些郭某英犯罪的原始证据马不停蹄地赶往黄花机场。之后他乘坐当日下午4点多的飞机，于晚上7点多到达北京。

刚出机场，他就被检察机关有关负责同志拦住，对方出示了相关证件。黄佳根据上级指示，就在机场出口处将证据移交给了检察机关。

次日（22日）上午9点，黄佳从新闻里看到消息，郭某英因经济犯罪已经被监视居住。9月27日，郭某英被北京市西城区检察院从家中带走。2015年2月9日，郭某英因涉嫌受贿罪被正式逮捕。2016年2月底，检察机关向郭某英送达起诉状。GSKCI商业贿赂案件的侦办又牵出发改委的一大蛀虫。

郭某英凭借发改委价格司政策法规处处长及价格司副巡视员的便利身份，基于药品定价权，涉嫌收受贿赂 1064 万元，涉及 58 家医药企业。

郭某英自 1999 年担任原国家计委价格司药品医疗价格处副处长；2003 年转任该司医药价格处副处长、处长；2012 年任价格司政策法规处处长及价格司副巡视员，负责并主管医药价格政策的研究、建议和决策，长达十余年。

郭某英涉嫌收受贿赂，主要基于药品定价权。

根据相关企业供述，郭某英曾承诺对药品定价给予帮助，或者表示可能提供帮助。而这种帮助，涉及单独定价、专利定价、不纳入国家定价范畴、减少降价幅度、上调价格、认定优质优价药品、不执行差别定价等多种方式。

这些方式成为“定价权力寻租”的重要途径。公众抱怨的药价虚高，也因此在一定程度上寻得缘由。

进入 21 世纪以来，国家发改委已经进行了近 30 轮的药品价格调整，但药价虚高的问题依然存在。舆论认为，长期难解的药价虚高问题，与发改委的药品定价机制有关，更与“定价权力”缺乏监督有关。

郭某英即是个典型，手中有权，药企要找他帮忙抬高药价。他的想法则是，抬高药价没问题，只要给我好处。他自己受贿一千多万元，患者和国家医保却要为之付出上亿元的代价。这也是药价虚高的一个重要原因。

郭某英手中曾经在相当一段时间内握有这一权力。他曾多次回应定价问题。在他看来，我国药价的整体水平并不高，“最高限价调整次数多，价格空间小，有些已经没有任何空间”。

他认为，我国药价虚高的根源，在于医药卫生体制并未理顺。我国诊疗费用过低，医院要通过卖药获得收入维持运行，医生要通过卖药维持体面的生活，所以单单改革药价体系，并不能从根源上解决看病难、看病贵的问题。

看病难、看病贵是一个复杂的课题，不是一两句话能够解决的。郭某英一方面大谈如何进行医药改革、医药管理体制改革，另一方面却一直在暗中将手里的权力变成财富，尤其在药品定价方面，进行赤裸裸的钱权交易。

GSKCI 为什么要千方百计找到他？GSKCI 被查处之后，他又为什么要千方百计替 GSKCI 辩护，连其犯罪的基本事实都要否认？没有利益关系，他给 GSKCI 说什么好话？

“5·09”案件侦破过程中，指挥部高层深切感受到来自发改委贪官的强烈抵制，深刻体会到，“不拿下发改委贪官，中国药价降不下来”。

实际上，这其中远不止一个郭某英。在郭某英倒台后，短短的三十五天时间内，发改委价格司又有五名官员被查处。随着价格司原司长曹某庆、后任司长刘某秋、副司长周某军和李某华相继被查处，这个号称“天下第一司”的发改委价格司成为当时中国最密集的贪官落马之地。

在曹某庆、刘某秋、周某军、李某华、郭某英等人主管中国药品价格期间，药价虚高、回扣泛滥、药品价格高得离谱，成为当时社会深恶痛绝的问题，而且持续数年，挑战社会神经的底线。围绕药品审批腐败，药监系统问题不断，国家药监局第一任局长郑某萸被执行死刑。

2006年，刘某秋、郭某英等人以药品零售限价虚高为由，打着减少和取消以药养医的幌子，改行药品加价率管制政策，将原来政府管制药品最高零售价的政策，转变为“顺价加价率15%”和“零差率政策”。这似乎管住了医院提高药品价格，但在当时的体制下，也给生产厂商一个强烈的信号：“千方百计提高药品价格”。由此，推高了医院药品的购进价格，也彻底打乱和破坏了药品的生产、销售、处方、使用体系和规范。

当发改委的一批贪官被揪出，当GSKCI公司在中国的商业贿赂行为被查处之后，中国的药价虚高现象能否很快得到解决？

人们虽对此寄予厚望，但效果不会立竿见影。

有一点收效是明显的，那就是外资药企的药品定价出现了可喜的局面。GSKCI案件侦破、审判后，其总公司承诺在药价中排除非法成本，所有药品在中国境内降价30%。另外，有十多家跨国药企主动向国家主管部门申请降低药价。

此案的侦破，极大地震慑了包括GSKCI在内的跨国药企，也找出了医疗行业综合治理和全国医改举步维艰的症结，为推进医改打开了一个突破口。

三十、检察官李峰磊

一天早上，检察官李峰磊（长沙市检察院公诉一处处长）还在上班的路上，突然接到公安部打来的电话，叫他立即去北京，参加一个重要的会议，是什么会议电话里没说。

电话来得突然，李峰磊只得赶紧赶往单位，跟主管的检察长报告了情况。检察长同意李峰磊立即启程。

李峰磊买了最早的一个航班。电话里通知，着装要整洁、庄重，要求穿西服、白衬衣、打领带。可李峰磊出门的时候穿的是一身休闲装，来不及回家拿西服和白衬衣，他就打算到北京再想办法。

到了北京，李峰磊就在机场买了一件白衬衣，本来想再买一件西服和一条领带，一看价钱实在太贵，舍不得，就决定不买了。他想，到最高检去，找朋友借一套制服应付算了。结果跑到最高检借了一套制服，上衣还合身，裤子却穿不下，幸亏他自己的休闲裤跟制服的颜色差别不大。于是他就穿着这身不伦不类的行头，急匆匆去了公安部参加“重要的会议”。

到了公安部，高峰政委一看李峰磊穿成这样，就批评了他几句，说：“你还穿个休闲裤，像什么话，这么大的外事活动。”

外事活动！这个时候李峰磊才知道，公安部于今天约见英国领事馆领事，通报“5·09”案件。

他想换裤子，可已经来不及了，只能凑合了。

英方参加约见的，有英国领事、阿巴斯，还有 GSKCI 总公司的法务总监高志远。

约见之后，中央主要媒体随即公布了案情。而这一次约见，也有媒体进行了报道，标题为《公安部有关负责人约见葛兰素史克总公司高层代表》。

那么为何要让李峰磊来参加这次约见呢？

李峰磊，是侦办此案的一个不得不提的检察官。

他是“5·09”案件最早介入，也是坚守到最后的检察官，对此案的侦破、起诉起着至关重要的作用。

笔者曾两次采访李峰磊处长，以下是笔者与李峰磊的部分访谈笔录。

问：李处，请问您是什么时候介入“5·09”案件的？

答：2013 年 6 月 20 日，“5·09”案件在长沙市公安局正式立案侦查后，检察机关就已经开始介入。

6 月 25 日，在我们院祝副检察长的统一指挥下，市检抽调侦监二处、开福区检察院、芙蓉区检察院、岳麓区检察院市区两级检察机关的侦查监督部门六名干警，由市院专职委员刘慧带队开始提前指导取证。这个时候案子才开始，还没有到我们公诉介入的阶段，我是以参谋的身份介入的。

这个案子刚刚启动的时候，最大的困难就是认识问题。这是公安部启动的，跟传统的刑事案件有很大的区别。一个是此案行贿的对象特别多，GSKCI 针对全国的医生有一个名单，接受他们贿赂的医生有几十万人，按公安、检察机关原来办案的要求，要一一对应；可要按传统办法，这个案子无法办下去，没有那么多人来办这个案件。另一个是，GSKCI 是个跨国公司、全球知名企业，他们不会公开行贿，更不会在管理层面留下任何行贿的痕迹，表面上他们的一切经营活动合规合法。对于跨国药企，之前国内没有定罪的先例，从何处下手？怎么侦查？怎么定罪？最早是一张白纸，一切都是未知。

该案指挥员张慧副局长一开始就意识到这个问题，就请我们检察机关提前介入。

我过去一开始也摸不到头绪。

在专案组的东海楼办案点，我坐了四五天，听情况，琢磨这个案子怎么办。

8 月，祝副检察长指示我们公诉一处提前介入，了解案情，并参与公安机关的案件研究。

这时，我们公诉机关算是正式提前介入此案了。

问：请您谈谈检察机关提前介入的情况，做了哪些工作？

答：开始的时候，我给我们检察长打了个报告，请求调遣最强大的检察团队，并且先后跟几个区县检察长沟通了，有芙蓉、开福、岳麓、望城、天心五个检察院，派出了最精干的公诉团队，共 12 人。一直到开庭前，我们都与公安专案组的同志“同吃同住同劳动”。我们的任务一是审查公安机关前期调取的证据，调一个审查一个；二是为公安的同志出谋划策，特别是证据的收取；三是这个案子的对象是跨国公司，提前介入的过程既是办案的过程，也是检察监督的过程。

具体来讲，提前介入主要做了以下工作：

第一，引导侦查思路。

我们的公诉人员认真研究，完成了一千余本案卷材料的审查工作，对一百余件存在瑕疵的证据提出了补充意见。

我提出了一个方案，分四个部分：想、能、送、保。意即想行贿，意图的形成。能贿赂，GSKCI 这个公司是有计划的贿赂，贿赂意图明确。送贿赂，具体怎么送？我提出“8+3”模式（即 8+3 的证据框架：8 即 8 个处方药部，3 即疫苗事业部、外包部、大客户部，以电子数据为核心，针对这 11 个方面，即 8+3），我跟经侦支队的同志在上海工作了 10 天。最后一个就是保贿赂，实际上，他们早已被工商管理部门查处过，他们想方设法保住贿赂，用新贿赂保护原有的贿赂。

张慧副局长认可这个设想。专案组一开始都是各自为战，但这个案子具体的走向是什么？值得研究。那个时间应该是 7 月至 8 月，案子还在批捕阶段，在监视居住阶段。

这个侦查思路提出之后，得到了公安部及长沙市公安局领导的高度认可，并被采纳。随后公诉专案组对公安机关的侦查方向、取证范围、取证方法提出了重要的建设性意见，切实为侦查工作起到了参谋、指导作用。

第二，现场指导收集证据。

2014 年 1 月 7 日，专案组组织经侦、网技、市国税局、会计审计人员共 45 人，赴上海针对 GSKCI 单位贿赂犯罪金额集中取证。这一次我们全程参与了专案组的取证工作。我们对公安机关在沪期间收集的证据进行了同步审查。

因 GSKCI 在中国境内药品销售额高达数百亿元人民币，接受 GSKCI 贿赂的医务人员遍及全国各地，人数以百万计。如采取常规方法取证，该案将无法侦查终结。在上海开展侦查期间，侦查机关掌握了 GSKCI 全部的电子数据库，这些电子数据库对 GSKCI 的全部生产、经营情况均作了详细记载。根据当时专案组取证情况，我提出了本案证据应以电子数据为核心，其他证据印证电子数据真实性的取证思路，得到了公安部领导和侦查员的一致赞成。

指导专案组取证的过程，实际上也是监督的过程。我再三强调必须依法办案，必须按程序取证，不能因为程序不合法影响案子的审判。公安的每一个侦查取证的方向、方法、步骤都跟我们商量，我们双方合作得非常愉快。这个案子每个月我们都要到北京汇报。到了后期联系就更加密切，每次都是高检的领导接见。

第三，指导证据的归类整理。

此案涉案人员众多、证据数量极为庞大，最初达两千多本，组卷工作十分复杂。我们明确了各公诉人的分工，与公安机关侦查员进行点对点的指导，提出了一整套组卷方案，并对案件证据再次进行审查把关，筛选，补正，剔除重复证据，大幅压缩了入卷证据数量，由两千多本压缩到了五百多本。

按照公诉专案组的要求，按法律文书、单位犯罪、个人犯罪合理排序，公安机关共装订案卷材料 537 卷，把大量与案件无关的材料予以排除，为后面的侦查和审判工作提供了帮助。当时从市检察院、公安局专案组来了二十个侦查员、十个检察干警，干了一个月，顺利完成了组卷工作。

第四，督促侦查部门完善欠缺证据、补正瑕疵证据。

我们经过阅卷审查，发现了不少影响定罪和量刑的不够完善的证据。本着对法律负责的态度，我们把相关证据问题分门别类，每周集中一次向侦查部门提出补证提纲。

通过补证，又收集了二百多本证据。后面收集补正的证据，对案件的起诉和审判起到了极大的作用。

问：这次检察机关的提前介入，与以往检察机关的提前介入有什么不同？

答：有很大的不同，可以说有很多创新。以往，我们和公安是一种接力办案，他们侦查完了，我们接手。这一次不同，我们几乎和他们同步开展工作，提前介入的时间很早。这样两家一开始就形成了合力，要少走很多弯路。

这种介入，完全改变了以往多数情况下只提否定意见，很少提建设性建议的作法，把检察的指导前移到侦查的全过程。这是一次成功的尝试。

问：您是介入时间最早，也是参入时间最长的检察官，据您所知，此案最大的难点是什么？

答：取证难，尤其是确认 GSKCI 行贿金额，最难，这也是最困扰我的一个问题。

GSKCI 贿赂这个钱怎么算出来？行贿了多少人？这个案子公布之后全球都在关注。我当时觉都睡不好。后来按照公安部的要求到上海取证，我们去了一百多人，住在上海吴宫大酒店。那一次取证，我感觉是一个重大突破，就是发现了他们的一个数据库，电子数据的数据库。它叫 e-from，综合财务系统，物理地址在美国。这个数据库非常复杂，所有医药代表的费用报销都有记载。

在上海期间，每天晚上我们都要碰头。陈耀松副支队长和我都要召集大队长以上干部开会。当时我不记得是哪个大队交了一张材料给我，是香港人潘志明提供的。我们正在查一个叫复达欣的消炎药，潘志明提供了一份数字的打印件。我感觉有价值，要求问清楚这个东西是在哪个数据库找到的。

我们住的吴宫大酒店离 GSKCI 公司不远，我要求追查这个数据库。经过了几个回合，他们（GSKCI）一直推托，说数据库在境外。这个数据确实在国外，是成本控制系统，是关键证据。

当时，我向高峰政委报告说，这个东西一定要拿到，凭直觉这是一个非常重要的东西。

那时还只有一两张纸（是刘勇他们从 GSKCI 数据库中e-from 里发现的秘密），这些数据能反映某个销售的链条。

发案后，他们的法务代表高志远、亚太区总裁阿巴斯，有一个渠道能够跟公安部对话。我建议，要利用这个渠道逼迫他们提供我们需要的全部数据。

在当时的情况下，我也有忧虑，因为他们的物理地址在境外。我建议，要求他们总公司把全球的数据传到境内。但是又担心他们篡改数据库，修改数据。如果他们在把数据传给我们之前，将数据库里的数据篡改，我们拿到的就是一份虚假的证据，而真正关键的证据就再也找不到了。另外，数据全部是英文的，而且是不可读文件，要从计算机转换，会不会失真？翻译的过程中又会不会失真？这些都必须考虑到，而最担心的还是修改数据。

后来，高峰政委来到上海，很赞同把这个数据库拷过来。他分析判断，GSKCI 是全球知名的跨国集团，提供虚假证据会影响公司声誉，传过来的数据应该会是真实的，不会造假。

另外，我们也知道了他们高层的意见：总裁说，长沙警察全是一些“土包子”，传给他们吧，反正他们也看不懂。正因为觉得我们看不懂，他们就将原始的证据全部传了过来，最后在上海落地了，整个数据的接收比较顺利。

潘志明这个人特别讲究法律，这是公司行为，他如果提供虚假的东西，他个人要受处罚。他主动用甲骨文的一个软件，就是 Oracle 文件，将数据重新翻译成中文。他传给了我们这个东西之后，我还是不放心，又专门提出来，请我们省厅那个专门的计算机鉴定机构作了个说明。他们说，Oracle 软件是不能复制，也不能修改的，好比给一个屋子装货架，对货物的本身不会有任何改变。这我就放心了。

这个数据到位后，我提出了以这个电子数据为核心，以搜集的言词证据、物证书证为辅，用来印证电子数据的真实。这个证据反映了他们销售每一粒药的成本和销售详细情况。

这个证据框架、思路出来后，再完善证据，后面的工作就越来越快了。

问：听说 GSKCI 请了全国最有名的律师事务所帮他们打这场官司，开庭之前，作为公诉人，您是否有过担心？

答：我从来没有担心过这场官司会败诉。我一直参入这个案子的侦办，对整个案件太了解了。这个案子事实清楚、证据确凿，侦查机关已经把这个案子办成了铁案。不管对方聘请多么有名的律师，他们有再大的本事也不可能把这个案子逆转，对这一点我有充足的信心。的确，对方的辩护律师是准备做无罪辩护，准备跟我们大干一场，但最终他们还是放弃了无罪辩护。

……

三十一、历史的审判

“5·09”专案侦查已经进入尾声。相关部门在紧锣密鼓为庭审作准备。

2014年9月15日，长沙市检察院李峰磊、谭卫红等检察官参加了由长沙市中级人民法院第二刑事审判庭组织的被告单位GSKCI、被告人马克锐对非国家工作人员行贿罪一案的庭前会议。

通过庭前会议，解决了管辖、回避、审理方法、翻译等程序性问题，控辩双方对举证、质证方式，非法证据排除等证据问题达成了共识，就本案的定罪、事实及量刑交换了意见，最终达成以下共识：

第一，庭前会议就以下程序问题达成一致意见：1. 对法院管辖权不持异议；2. 对法庭组成人员不申请回避；3. 决定不公开审理被告单位GSKCI、被告人马克锐对非国家工作人员行贿罪一案；4. 确定了庭审的翻译方式。

第二，庭前会议就庭审举证、质证方式，非法证据排除等证据问题达成以下一致意见：1. 全案分单元举证、质证；2. 辩方对全案证据的合法性、真实性、关联性不持异议，不提出非证据排除；3. 不申请证人、鉴定人出庭，不提交新证据，不提出新证据的调取申请。

第三，庭前会议就定罪、量刑问题达成一致意见：1. 被告单位 GSKCI、被告人马克锐表示仍然对指控的犯罪事实及罪名不持异议；2. 在被告人马克锐认罪的前提下，公诉人依据马克锐自动投案并如实供述罪行的情况，提出了可以对马克锐及 GSKCI 适合自首的量刑情节。

第四，庭前会议还明确了以下分歧点，使公诉人出庭前能够做好充分的应对准备：1. 被告单位 GSKCI 辩护人提出需要对公诉机关认定的 28.28 亿元行贿金额向 GSKCI 确认，再决定是否在庭审上发表辩护意见；2. 被告单位 GSKCI 辩护人希望在庭审举证时对 GSKCI 掩饰贿赂行为的证据予以淡化处理。

第五，庭前会议最后确定：1. 法庭调查将分犯罪事实调查和量刑情节调查两部分，围绕量刑调查和主要争议焦点进行，对于没有争议事实的举证予以简化；2. 法庭辩论将围绕量刑和有争议的问题进行；3. 将庭前会议的成果充分运用到庭审中去；4. 参会人员对庭前会议的内容进行保密。

16 日，长沙市检察院“5·09”专案组成员宫平、方惠等检察官参加了由长沙市中级人民法院第二刑事审判庭组织的被告人张某维、梁某、黄某（女）、赵某燕对非国家工作人员行贿罪、非国家工作人员受贿案的庭前会议。通过庭前会议，解决了管辖、回避、审理方法、翻译等程序性问题，控辩双方对举证、质证方式，非法证据排除等证据问题达成了共识，就本案的定罪、事实及量刑交换了意见：

第一，庭前会议就以下程序问题达成一致意见：1. 对法院管辖权不持异议；2. 对法庭组成人员不申请回避。

第二，庭前会议就庭审举证、质证方案、非法证据排除等证据问题达成以下一致意见：1. 全案分单元、分组举证、质证；2. 辩方对全案证据的合法性、真实性、关联性不持异议，不提出非证据排除；3. 不申请证人、鉴定人出庭，不提交新证据，不提出新证据的调取申请。

第三，合议庭经合议后确定本案是否全案不公开审理。被告人张某维、梁某、赵某燕及辩护人、被告人黄某（女）均同意本案不公开审理。被告人黄某（女）的辩护人提出被告人黄某（女）涉嫌非国家工作人员受贿罪部分的庭审应当公开审理，同意对被告人黄某（女）涉嫌对非国家工作人员行贿罪部分不公开审理，合议庭决定就该问题进行合议决定。

第四，控辩双方交换了对本案定罪、适用法律及量刑的意见，控辩双方经交换意见，四被告及辩护人对于起诉书指控的罪名均无异议，主要的分歧点为：一是行贿金额；二是量刑情节，即四被告是否应认定为从犯。

第五，庭前会议最后确定：1. 法庭调查将分犯罪事实调查和量刑情节调查两部分，围绕量刑调查和主要争议焦点进行，对于没有争议事实的举证予以简化；2. 法庭辩论将围绕量刑和有争议的问题进行；3. 将庭前会议的成果充分运用到庭审中去；4. 参会人员对庭前会议的内容进行保密。

通过庭前会议的召开，达到了提高庭审效率，加强对庭审的控制，避免意外因素影响的预期目的。

17 日，为落实中央“低调、从速、依法、平稳”的审判“5·09”案件要求，湖南省政法委组织湖南省、长沙市两级政法委，以及公、检、法、司、外事、宣传、新闻等各单位负责人参加的协调会议。

案件审判前协调会在长沙市中级人民法院九楼举行。会议听取了长沙市中级人民法院、维稳办、宣传部、外事办、司法局等单位围绕庭审活动所指定的各种工作方案，对涉及法庭审理、协调调度、安保提押、现场维稳、舆论引导、外事管理、对律师职业活动的指导监督等方方面面工作进行了布置。为确保案件的顺利审理，维持有序的审判环境，维护司法机关的良好形象，正确引导舆论都作了周密的安排。

18 日，中央督导组一行 22 人抵达长沙。

19 日，一个平凡而又普通的日子。而对中国和英国这两个国家来说，却又是个不平凡也不普通的日子。

这一天，英国 GSKCI 公司商业贿赂犯罪案件在中国长沙开庭审判。英国公司有史以来第一次在中国的土地上接受中国司法机关的审判，历史将记住这一天。

长沙市中级人民法院第二刑事庭，庄严肃穆，被告单位 GSKCI、被告人马克锐对非国家工作人员行贿罪一案在此不公开审理。

长沙市检察院检察员李峰磊、谭卫红、樊爱平、刘晓燕、朱文敏出庭支持公诉，被告单位 GSKCI 诉讼代表人章英伟（GSKCI 中古公司副总裁）及其辩护人傅长煜（北京君合律师事务所律师）、邹唯宁（北京君合律师事务所律师），被告人马克锐及其辩护人刘海涛（北京金杜律师事务所上海分所律师）、常俊峰（北京金杜律师事务所律师）、翻译人员刘昱到庭参加诉讼。

此次庭审方式为：第一，合议庭当庭宣布被告单位GSKCI提出因涉及商业秘密不公开审理的申请，决定对被告单位GSKCI、被告人马克锐对非国家工作人员行贿罪一案不公开审理，但按照刑诉法的相关规定予以公开宣判。第二，合议庭在确定被告单位GSKCI、被告人马克锐仍然自愿认罪的基础上，在征求控辩双方意见后，决定了庭审的进行方式：一是法庭调查将分犯罪事实调查和量刑事实调查两个部分，主要围绕量刑事实和有争议的问题进行；二是在法庭调查过程中，对于没有异议的部分，举证和质证将做简化；三是法庭辩论围绕量刑和有争议的问题进行。

法庭调查：根据合议庭对被告人认罪案件简化庭审的决定，公诉人在法庭调查中做了如下工作。一是在讯问阶段只对马克锐的认罪态度进行再次确认，以明确在辩论阶段是否发表认定GSKCI及马克锐自首情节的公诉意见；二是依照庭前会议控辩双方达成一致的举证、质证方案，分六单元对全案证据进行举证，分单元请法庭主持质证。

被告人马克锐的辩护人未当庭对被告人发问，被告单位GSKCI诉讼代表人章英伟、被告人马克锐及四名辩护人对证据的合法性、真实性、关联性均不持异议。

法庭辩论：公诉人当庭对被告单位GSKCI、被告人马克锐对非国家工作人员行贿罪一案的事实、证据、法律适用及量刑发表了全面的公诉意见，请合议庭对被告单位GSKCI以起诉书认定的行贿金额为基准判处罚金刑；对被告人马克锐在二年六个月到三年六个月有期徒刑的幅度内量刑。

被告单位 GSKCI 诉讼代表人、被告人马克锐及辩护人均表示对公诉机关指控的犯罪事实及罪名不持异议，但就量刑发表了辩护意见：1. 被告单位 GSKCI 的辩护人提出 GSKCI 对中国医药事业作出了贡献，触犯刑法是因为认识错误，并非知法犯法，主观恶性较小，案发后积极配合调查，进行整改，真诚悔过，并具有自首情节，希望能够从轻、减轻处罚。2. 被告人马克锐的辩护人提出马克锐具有法定从轻、减轻、免除的情节：一是具有自首情节，二是属于在追诉前主动交代行贿行为。另外，马克锐的辩护人还提出马克锐触犯对非国家工作人员行贿罪是 GSKCI 总部要求下的职务行为，其在合规方面作了努力，没有任何谋私利的行为等情节，请法庭酌情从轻量刑。

公诉人对没有争议的问题未重复答辩，但对被告人马克锐辩护人提出的“马克锐属于在追诉前主动交代行贿行为”的辩护意见进行了答辩，当庭说明《中华人民共和国刑法》第 164 条第四款规定的“行贿人在追诉前主动交代行贿行为”是指在量刑立案前主动交代行贿行为，被告人马克锐是在立案之后返回中国交代其所犯罪行，不能使用第 164 条第四款对行贿人减轻、免除处罚的规定。

至此，法庭调查、辩论告一段落，庭审暂时休庭。

与此同时，在长沙市中级人民法院的另一个法庭，另一场不公开审理 GSKCI 高管商业贿赂一案也在同步进行。

长沙市检察院指派“5・09”专案成员、检察员宫平、方惠、许金林、李治明、周建明出庭支持公诉，被告人张某维、梁某、黄某（女）、赵某燕及其辩护人唐嵩、范宇、蹇有韬等人到庭参加诉讼。

本次庭审方式为：第一，合议庭当庭宣布被告人黄某（女）非国家工作人员受贿案与单位犯罪相关联，决定全案不公开审理，但是将公开宣判。第二，四被告人在了解起诉书指控的犯罪事实和罪名、知悉法律的规定后，当庭表示认罪，在此基础上，合议庭根据最高人民法院《关于适用中华人民共和国刑事诉讼法解释》第184条第一款、第227条第一款、第231条的规定，一是法庭调查将分犯罪事实调查和量刑事实调查两个部分，主要围绕量刑事实和有争议的问题进行；二是在法庭调查过程中，对于没有异议的部分，举证和质证将做简化；三是法庭辩论围绕量刑和有争议的问题进行。第三，按照控辩双方在庭前会议确定的举证、质证方案进行举证、质证。

法庭调查：第一，讯问情况。因四被告人均表示自愿认罪，公诉人对四被告人进行了简单讯问，确认了四被告人在检察机关的交代以及自行书写的材料是属实的；各辩护人对被告人的发问主要围绕各被告人在公司担任的职务方面进行。第二，举证、质证情况。庭审中，控辩双方依照庭前会议控辩双方共同确定的举证、质证方式进行，四被告人及其辩护人针对公诉机关出示的证据的合法性、真实性、关联性均不持异议，但针对证据证明被告人的任职时间和职权范围发表了意见，认为四被告人所起的作用较小。对此，公诉人进行了说明，认为四被告人的任职时间和职权范围是认定上述四人在本案中所起作用的依据之一。

法庭辩论：公诉人当庭对本案的事实、证据、法律适用及量刑发表了全面的公诉意见，建议合议庭对被告人张某维判处有期徒刑二至三年。对被告人梁某判处有期徒刑一年六个月至二年。对被告人黄某（女）以对非国家工作人员行贿罪判处有期徒刑二年；以非国家工作人员受贿罪判处有期徒刑二年。对被告人赵某燕判处有期徒刑一年六个月至二年。庭审中，四被告人及辩护人对起诉书指控的罪名、事实、公诉机关提交的证据均无异议。主要争议焦点有三个方面：

其一，本案的行贿金额问题。被告人张某维的辩护人质疑公诉机关指控的行贿金额，主要理由有三点：一是该行贿金额是公诉机关自行统计的，没有经过第三方鉴定机关进行审计、鉴定；二是6748和6728两个科目中包含了公司合理的支出，应当剔除；三是本案查处的受贿金额与行贿金额差距巨大，严重地不对等。对此，公诉人的答辩如下：一是证明行贿金额的证明是以电子证据为核心，言词证据和书证相互印证的证据体系，具有排他性，有没有鉴定不影响证据是否确实、充分；二是员工的旅差费等合理支出并不包含在6748和6728两个会计科目内，没有计入本案的行贿金额；三是对非国家工作人员受贿罪是否成立为必要条件，本案证据足以证明对非国家工作人员行贿罪的事实清楚，证据确实、充分。

其二，关于四被告人是否认定为从犯的问题。四被告人及其辩护人均认为四被告人在单位犯罪中所起的作用为辅助的、次要的，应当认定为从犯。对此，公诉人的答辩是：四被告人与单位犯罪的行为融为一体，四被告人在单位犯罪过程中，均起到了不可或缺的作用。根据最高人民法院的批复，建议不予区分主、从犯，但尊重合议庭的决定，基于在犯罪过程中，四被告人均有职务的变动和升迁，请合议庭予以考虑并根据四被告人所起的作用分别判处刑罚。

其三，关于四被告人的量刑幅度问题。被告人张某维、梁某、赵某燕的辩护人均认为可以对各被告人犯对非国家工作人员行贿罪可以适用缓刑或者免于刑事处罚。被告人黄某（女）的辩护人认为被告人黄某（女）犯对非国家工作人员行贿罪应处免于刑事处罚，对其犯非国家工作人员受贿罪的量刑幅度认同公诉机关建议处有期徒刑二年的意见。对此，公诉人建议法庭合议庭根据本案事实、性质、情节及对社会的危害程度，结合其认罪的完整性、稳定性及悔罪表现等具体情节，对四被告人作出公正的判决。

法庭辩论暂告一段落，合议庭休庭。

这天 14 点 50 分，合议庭再次开庭，公开宣判，判决公诉机关指控被告张某维、梁某、黄某（女）、赵某燕对非国家工作人员行贿罪、非国家工作人员受贿罪的罪名成立，并部分采纳公诉机关的量刑建议，根据相关法律规定，判决如下：

一、被告人张某维犯对非国家工作人员行贿罪，判处有期徒刑三年，缓刑三年。二、被告人梁某犯对非国家工作人员行贿罪，判处有期徒刑二年，缓刑三年。三、被告人黄某（女）犯对非国家工作人员行贿罪，判处有期徒刑二年；犯非国家工作人员受贿罪，判处有期徒刑二年；决定执行有期徒刑三年，缓刑四年。四、被告人赵某燕犯对非国家工作人员行贿罪，判处有期徒刑二年，缓刑二年。五、对扣押机关扣押的被告人黄某（女）的违法所得650克千足金金条予以没收，由扣押机关上缴国库。宣判后，四名被告人均表示服从判决，不提出上诉。

合议庭于15点10分再次开庭，公开宣判，宣布公诉机关指控被告单位GSKCI及被告人马克锐对非国家工作人员行贿罪罪名成立，并部分采纳了公诉机关的量刑建议，根据相关法律规定，判决如下：

一、对被告单位GSKCI以对非国家工作人员行贿罪判处罚金人民币30亿元。二、对被告人马克锐以对非国家工作人员行贿罪判处有期徒刑三年，缓刑四年，并处驱逐出境。

被告单位GSKCI、被告人马克锐均当庭表示服从判决，不提出上诉。

至此，历时一年多的对GSKCI公司商业贿赂犯罪侦查审理一案尘埃落定。

这是中华人民共和国成立以来第一次对外资企业的宣判，也是世界500强企业中的在华企业第一次站上中国法院的被告席。30亿元罚款，是中国对外资企业历史上开出的最高罚单，此案可谓是中国打击商业贿赂第一案。

重罚GSKCI彰显出中国法律的尊严和权威。这一庄严的审判，不仅是给GSKCI，也是给所有外资企业一个宣示：中国是一个法治国家，外资企业没有超国民待遇，守法经营我们欢迎；违法经营，必受惩罚。这一审判，显示出我国极力营造公平竞争的法治和市场环境的决心；同时有力地保护了广大消费者合法权益，有着多重价值和标杆意义，在我国司法史上是一个重要里程碑。

长沙法院的法槌刚刚落下，葛兰素史克总公司第一时间向全球发布声明，称总公司完全认同中国司法机关依法认定的事实和证据，服从中国司法机关的依法判决，并向中国患者、医生、医院和中国政府、全体中国人民深刻道歉，对于由此造成的损害，葛兰素史克总公司深感痛心和愧疚。这就有了本文开头的 GSK 的道歉声明。

本案的判决有力地说明，中国的市场对所有投资者都是一视同仁、平等开放的，但只有诚信守法、规范经营的企业，才能在中国迎来可持续发展的美好前景。

毋庸置疑，GSKCI 案的判决，将对优化中国市场的大环境产生极其广泛而又深远的影响。

三十二、迟来的忏悔

“5·09”案件的侦破过程，其实也是一个教育挽救犯罪嫌疑人的过程。

无论是GSKCI公司的总裁，还是四大高管，再到下面的管理层，当他们最初落到警察之手，谁都不承认自己犯罪，甚至还把自己美化成救死扶伤的救世主，把自己的所作所为视为对促进中国医药发展的贡献。

经过专案组的侦查员们耐心细致的说服教育、宣讲政策，他们终于明白，他们的行为已经触犯了法律，是违法犯罪的行为。

他们开始为自己的行为而后悔。

以下是几个主要犯罪嫌疑人亲笔写下的认罪保证书，虽然觉醒的时间很晚，但毕竟灵魂已经苏醒。让我们一起来看看他们迟来的忏悔吧。

一、梁某所写《我的交代、认罪与保证书》部分摘录：

……

综上所述，GSKCI发生今天的问题，绝非偶然，也非一朝一夕，是公司经营宗旨上出了问题，是长期积累的结果；是一种系统性公司犯罪行为，败坏了社会风气，触犯了法律，令人深思。

我作为高管，先后负责两个部门，由于缺乏相关的法律知识，非但没有提出自己的见解，阻止这些现象的发生，反而对“以销售为导向”的企业文化深以为然，在自己负责的部门大肆推行，推波助澜，以为这就是所谓的职业精神，使自己负责的业务部门也出现了大量的上述与医生的利益交换，大量的花费获得了销量的大幅上升。违反了《药品管理法》的规定，我深感自责并愿意接受司法机关给予的适当处罚。

我唯一要说明的是我所执行的都是公司统一的政策，并没有在我的部门出台特殊的政策。另外，HBU是我在2012年刚接手的，基本上是维持原来的推广方式，在被带到长沙监视居住及后来在看守所期间，(我) 积极主动配合警方、检方交代问题。另外，考虑到本人身体状况（高血压、心脏病)、母亲的身体状况，以及从未做过损害国家利益的事情，恳请司法机关在量刑时给予宽大处理。

我郑重保证，对于公司犯罪行为的交代、揭发，包括向警方、检方的交代都是基于事实的。我将不会有任何形式的翻供行为。如果得到宽大处理，我不会在社会上向他人散布任何形式的不实言论误导他人，尤其不会在媒体上散布任何误导大众的不实言论，谨此承诺！

在此向警方、看守所、检方各位同志给予我的帮助、教育，以及人道主义待遇表示衷心感谢。这次经历会令我终生难忘，我将认真反省，并将自己的专业知识奉献给患者和社会！

梁某

2014年9月10日

二、黄某（女）在她的《认罪悔过书》中这样写道：

……

马克锐倡导的“以销售为导向”、“没有费用就没有销量”的经营理念直接导致带金销售的结果，投入的费用不断增加，极具诱惑力的高额销售奖金效果、精英俱乐部的国外旅游等名目繁多的销售刺激政策，诱使销售人员极尽所能来最大限度地提高销售量，最立竿见影的方式就是直接给现金，拿回扣来贿赂医生，达到扩大销量，获得尽可能高的销售奖金及其他利益。

……这些利益输送给业务工作人员来扩大销售的行为，违反了我国《药品管理法》的禁止性规定，是变相的贿赂行为。我以前不是很清楚，现在通过对法规的学习，充分认识到马克锐的经营理念和经营模式是无视我国药品管理规定的行为，采取的是只一味追求扩大销量，以增加费用来促进销售的贿赂模式，只是在法务部、合规部等部门的配合下披上合法外衣，营造出合法的假象，以让我们肆无忌惮地全力支持他实现他的目标。

GSKCI以行贿为导向，导致了巨额销售和利润得以实现，实际上是抢夺了我国的巨额财富，同时造成了一系列的社会危害性：1. 巨额的贿赂费用转嫁为药品成本，体现在高昂的药品零售价格上，最终由国家和病人埋单，使得我国老百姓看不起病吃不起药，怨声载道，社会矛盾日益严重，这已经严重损害了国家和我国老百姓的利益；2. 滋长了医院、医生腐败的不良风气，加剧了医患矛盾，最终仍是损害了病人的利益；3. 不公平的市场竞争，严重损害了其他合法守规经营的药企利益。

……

现在我已经清楚认识到GSKCI公司向非国家工作人员行贿及我个人受贿的社会危害及恶劣影响，我虽没有主观意识，但实际上仍由于自己法律知识缺乏、法律意识淡薄而逐渐走向犯罪的深渊。我为自己被GSKCI利用成为他们攫取、抢夺中国财富，侵害我们国家和老百姓利益的帮凶及我自己个人受贿的犯罪行为懊悔不已。除了要对所有服用和无力服用GSKCI药品的我国老百姓表示最深的歉意外，我非常诚挚地恳求司法机关能够给予我悔过自新的机会，使我能够重返社会，以现身说法来教育同道中人和企业要遵守法规、合法经营，要为社会及我国老百姓做些有益的事来赎罪。

因此，我认罪服罚，并保证在认罪服罚后永不翻供，保证能够从轻处理后不再在社会、媒体上造谣滋事。

被告人黄某（女）

2014 年 9 月 10 日

三、赵某燕的《认罪悔过保证书》：

……

我自小生长在一个知识分子家庭，家风纯正。父母教育我勤奋努力，为人诚实正直。我也努力践行父母的期望。我从北京大学研究生毕业后到法院工作，后出国留学，归国后在律师事务所工作，然后加入葛兰素史克（中国）投资有限公司法务部，先后任法务部经理、法务总监。我在学业、事业中成为家庭的骄傲，我还拥有一个幸福美满的家庭，四十一岁前的人生可谓顺风顺水。但自 2013 年 6 月 28 日我被采取强制措施后我的人生发生了逆转，我自高峰坠入低谷。在被羁押的十四个月中，我也从绝望、委屈中，慢慢反思公司、自己的行为，深刻认识到公司、自己行为的违法犯罪性。并且将国家惩治 GSKCI 案件放到整个中国自上而下进行的反腐败大背景中去考虑，感受到处罚 GSKCI 案件，对于警醒中国整个医疗领域的商业贿赂现象有极其深远而重大的意义。

一、GSKCI公司单位触犯对非国家工作人员行贿罪事实清楚，证据确实充分。

自2009年2月，马克锐担任GSKCI处方药部总经理后，为扩大药品销量，提出了一系列政策：（一）提出以销售产品为导向的经营方针，并且辅之以“一切为了销售”的经营理念，在员工大会、年会、销售代表季度会、领导力峰会、精英俱乐部等会议上宣传此销售理念；（二）盲目扩招，处方药销售队伍由原来2009年的近1000人迅速扩张为2013年的4000人的队伍，这样扩张的目的就是加强对医生和医院的覆盖面，进行所谓的推广；（三）销售费用明显增加，确立销售代表的收入机制与业绩挂钩，基本工资极低的策略，鼓励销售代表增加销售额以获得额外奖金，人力资源部出台了“非常6+1”、精英俱乐部等海外奖励计划，一切目的就是刺激销售代表增加销量；（四）销售部门在公司地位明显增高，马克锐在公司反复强调销售部门地位优先，其他部门要全力支持销售部门。在这种理念下，虽然公司也有合规部、法务部、财务部、内审团队等监督部门，但合规表面化，只是把总部的Coold. Sop（规章标准流程）照搬翻译，要求员工学习，重视完成学习率而没有真正起到监督的作用。

在上述经营理念、政策、方针的影响下，必然导致在GSKCI逐渐形成了以业务部门为主导，其他部门辅以支持，自上而下地盲目追求销量、利润，忽视竞争手段甚至采取贿赂手法，只追求销量的贿赂销售模式。在被采取强制措施后，我也逐渐认识到 GSKCI 这种贿赂销售模式涉及金额之大、覆盖范围之广，而且这种用给医疗单位、医生以利益输送而换来的利润，其巨额费用转嫁给了普通患者。作为一名普通老百姓，我也深感中国医疗改革中的“看病难、吃药贵”等现象。但像 GSKCI 这样的药企实际上是在雪上加霜。GSKCI 这样的行为，违反《药品管理法》等法律规定，且涉及数额大，是违法犯罪行为。对此我作为一名公司高级管理人员，深感忏悔。

二、2011 年 4 月我担任法务部总监后，对中国法律法规研读不深，盲目以为只要符合总公司的政策，举办会议并支付讲课费、餐费等形式即符合法律规定，没有劝阻马克锐的经营理念，没有履行法务总监的责任，采取了“睁一只眼闭一只眼”的方法，特别是在处理 2012 年全国工商银接举报后而针对 GSKCI 中国各地分公司进行的工商调查中，我没有坚持原则，而是为了公司利益，为了使公司免受调查被发现大规模的商业贿赂行为，免受名誉损失，积极贯彻 G4 确立的“公关、大事化小、不以商业贿赂处罚、掩盖证据”等方针，特别是在协助行政部门采用“桌面清理”等规定，指导财务部门少交、不交证据等方面起了关键作用，对此我追悔莫及。如果不是盲目使用这种“掩盖”的方法来应对工商调查，而是用开放、积极的透明态度应对工商调查，也不至于使事件升级发展到如今不可收拾的地步，对此我认罪悔罪，真诚悔过。

三、我对GSKCI公司触犯对非国家工作人员行贿罪，我本人作为主管人员，对此应承担法律责任无异议，我认罪悔过。我恳请检察官在量刑时、法官在判决时考虑我毕竟主观恶性小，自2011年4月马克锐的经营理念实施两年后才加入管理团队，且业务范围属支持部门，在共同犯罪中起作用较小，属从犯，而且作为一名员工，毕竟在单位犯罪中受公司影响为公司获利；我积极配合公安机关、检察机关调查，如实陈述犯罪事实，真心思过悔过，恳请给予我小、轻的刑事处罚。我也希望我能早日回到社会，用我所学的知识和经过此事获得的人生悔悟继续为社会作些贡献。

四、我保证我以上的认罪悔过书发自内心，且无论是在法庭审理阶段、宣判后我都不翻供。且如果我能够获轻刑，我必定会远离此事，不在传统媒体、网络上传谣……

在此我深深感谢参与此案审理提起公诉工作的检察官们，你们夜以继日不眠不休地工作皆是为维护法律的正义，为根除医疗领域的腐败之风，我感谢你们高素质严厉的工作作风和“司法良心”！你们使我对中国的司法公正与进步充满了信心！谢谢！

赵某燕

2014年

四、张某维在他的《认罪悔过保证书》中这样写道：

……

在长沙的十四个月时间里，经办案民警、检察官的教育，以及对公司各个人的犯罪行为的反思，我对GSKCI公司和我本人的犯罪有了深刻的认识，现根据我在公司工作中的经历，在长沙后了解的情况汇报如下：

一、GSKCI公司所犯的对非国家工作人员行贿罪，是在其错误的经营理念、各部门的积极响应支持下发生的。

在2009年后，马克锐提出了“以销售为导向”的政策，并在其经营理念和日常管理中，强调销售人员每日的工作便是以“卖卖卖（产品）”为核心。同时，要求所有其他部门一切以服务销售部为主，逐步丧失了这些部门对销售部门的监督职能，使处方药部的销售政策演变为不择手段、一切为了销量的政策。

不合理的销售指导，是导致销售人员采取贿赂医生的手段而完成销售任务的原因之一。自2009年以来，由于GSKCI公司全球战略调整中，加大了对销量增长的要求。同时，因为公司在美国、欧洲市场中的业务下滑，使更大的销售增长压力转移到中国等新兴市场国家，所以，每年阿巴斯及马克锐对中国处方药部的年度销售指标设置了不合理的增长速度要求。例如，对于已占中国市场份额首位的呼吸产品，在持续两年以40%的高速增长后，总部及马克锐却要求该部门达到50%以上的年增长速度，条件是提供更多的销售人员和更多的市场、销售费用。导致该部门在2012年及2013年的假发票报销的违纪比例直线上升。在宁波、郑州等地区还发生了整个团队造假的现象。

公司在日常管理中的不作为，为个人及市场销售部门的行贿行为大开方便之门。

从2009年开始，销售部每年均以500至800人的速度扩大组织规模，到2013年增至5000多人。但同期，按总部要求，对财务、人力资源、IT部门却裁减20%的人员和费用，使这些部门在本就薄弱的日常管理中雪上加霜，仅能满足基本的服务。尤其是财务部门，无能对各项市场活动、会议的项目费用使用进行有效监督、控制，为这些部门发生的利用各种活动向医生及单位进行贿赂的行为大开方便之门，使公司的相关财务制度形同虚设。对于这些问题，马克锐应该是十分了解的。因为，马在来中国之前，一直担任新兴市场财务总监、高级副总裁。但他不对财务管理控制中的问题进行整改、加强，而是对各部门不断发生的行贿行为予以放纵。马不但没有加强对财务管理的支持，反而不断要求财务部门加快对销售部门的服务速度。作为公司总经理、企业的法人代表，应当对各个部门的贿赂犯罪行为承担法律责任。马克锐及处方药管理层对销售奖金制度的决策，是导致员工行贿行为的另一个原因。2010年，新兴市场的销售绩效促进所（SFE）要求对各国的奖金制度进行修改，增加“行为评估指标”，以规范销售人员的行为，降低奖金与销量指标的挂钩比例，减少因奖金而导致的违规、违法行为发生的风险。在开会讨论时，管理层及马克锐担心由于降低与销量挂钩比例而影响销量的完成，最后马克锐决定用拖延和弱化改变比例的方法，以维持奖金制度对销售人员的刺激作用。马在会上表示，作为总经理，他对业务结果负责，有权决定奖金制度的制订。所以，马和处方药管理层无视现行奖金制度会导致员工行贿的风险，是对公司风险控制的不负责任故意行为。同时在各产品事业部的要求下，马克锐及管理层批准了市场部人员的奖金制度，使市场人员的奖金与相应产品的销量挂钩，加剧了市场活动中的行贿行为发生的风险，而且，与上级SFE的需求是背道而驰的。

所以，GSKCI公司所犯的对非国家工作人员行贿罪，是在其明确的经营政策销售理念指导下，在一系列的制度支持、对一些管理中明显问题的不作为，和故意放纵销售人员和相关部门用行贿方式进行销售的风险的一系列措施中发生的。GSKCI公司理应承担法律责任。

一、我的认罪态度

我作为公司的人力资源部总监，公司高管，领导的人力资源部门积极响应马克锐所倡导的“以销售为导向”的经营理念，并通过以下方式，支持其经营理念的实施，对GSKCI公司所犯的“对非国家工作人员行贿罪”提供了人力及相关政策的支持，应承担直接责任人的法律责任，愿意接受法律制裁。

1. 通过组织的公司年会、领导人峰会及企业的内部刊物，对马克锐所倡导的销售理念、策略进行了宣传，督促其策略的实施。

2. 提供了人力（招聘）方面的支持。

自2010年以来，招聘部门平均每年为处方药部招聘近千人，包括新增加人员和离职人员的招聘。其中主要是一线的销售人员，分布于全国各地二百四十个城市。

在招聘中，由于只注重速度和到岗率，招聘部的顾问仅对候选人进行最基本的核对（学历、工作经验）便推荐给用人部门。对于用人部门决定录用的人选的背景调查也委托给外部公司，主要对其进行无犯罪记录的调查，无法完成对其品德及销售行为的综合调查了解，使进入公司的人员素质下降，增加了公司对人员管理的难度和风险。

人事部（员工服务部）对新员工的制度培训只能保证他们签收了各项规章制度材料，没有对其具体是否学习和执行进行有效的检查。这也使公司的很多规章制度得不到执行。我应当承担相关的责任。

我原来认为，这是由于公司组织转型（裁减服务部门人员）的共性问题，现在认识到在执行上级转型工作命令的同时，由于自己的责任心不强，没有起到一位公司高管的作用，存在只注意招聘、培训过程而忽略招聘质量和培训结果的错误行为。

在内部人员晋升提拔时，只注重员工的业绩水平，没有相应的对人品德方面的考核，使广大员工认为，在公司只要能完成销售指标，便可以得到提拔；不在意其销售行为是否合规，导致更多的新员工漠视公司规定，不择手段进行销售，形成了仅重才不重德的风气。

在2006年至2013年的八年中，各部门的总经理（包括处方药部），平均两年便换一届，我自己反思，主观上有明哲保身的思想，认为在马克锐担任总经理期间，全力配合好他的工作，以换得马对于我和人力资源部工作的认可。这实际上是用短期的个人、团队利益而牺牲了公司整体在中国合法、继续发展的长期利益，也是用企业的短期商业利益而损害了中国广大患者利益的行为。

我参加了处方药部的两次销售奖金制度的谈论。2000年12月，在处方药宣布成立四个产品事业部后，制订了四部门统一的奖金制度原则。其中规定了奖金的获得100%地与销量挂钩。奖金收入为销售人员总收入的50%。在2010年之后，由于指标的增加，使得到奖金的难度加大，便出现了员工为了完成指标，得到奖金收入而向医生行贿的行为（表现为用假发票报销的危机行为）。在处方药部制订的“人才库保留”项目（“非常6+1”）时，也按要求配合“以销量为导向”的原则，该项目仅适用销售部门，而且以其能否完成一定指标为前提，进一步地强化了对销售人员完成指标的刺激作用，达到了对“以销量为导向”政策的支持、配合作用。

处方药部在实施和使用GSDK的工资结构时，也起到了配合以上（马倡导的）政策的作用。

……

二、我的保证

我在2014年8月底见到检察院领导，并于9月2日收到起诉书（副本）。我感谢政府、领导对于我在侦查和起诉调查阶段积极配合，如实交代GSKCI犯罪事实的行为予以肯定。

我更感谢并珍惜检察机关对我进行宽大处理。我明白最后的结果与我的认罪态度及悔罪有关。我现郑重地向检察院领导保证如下：

（一）我会认罪服罚，接受法院的判决。保持一致的认罪态度，对我所供述和交代的事实、证词绝不反悔。

（二）我真诚地恳请政府能够根据我的一贯表现和犯罪调查中积极配合、全面交代的行为、认罪服罚和深刻悔罪的态度，对我所犯罪行给予宽大处理。我将满怀对政府的恩情，更自觉地检点我的行为，改恶从善，争取光明的前程。我将用实际行动报答政府的宽大处理，用更努力的工作回报社会，合法地履行自身对家庭和社会的义务。

（三）在回归社会后，不接受任何媒体涉及本案的采访。不会在任何媒体或传播途径散布与本案相关的信息。

（四）遵守其他司法部门的规定、要求。

张某维

2014 年 9 月 11 日

五、马克锐的部分自述：

在思考之后，我想就此案认罪，下述为事实陈述：

我，马克瑞，于 2009 年 2 月来到中国，作为一名英国员工被委派到 GSKCI 公司，任处方药事业部总经理。

2010 年 3 月，我开始负责中国香港大区。

2012 年 11 月，我被升任为 GSKCI 的总经理，并于 2013 年年初，成为 GSKCI 的法人代表。

GSKCI 由 GSK PLC（英国）完全拥有。

GSKCI 包括两个营运部门：处方药部和疫苗事业部，由一系列职能部门支持，如财务、人力资源、法务、合规、医药、IT 和采购部。

……

2009 年 7 月，我在北京的一次领导团队会议上提出了“以销售为导向”的口号，以支持商业扩张，我同意了此口号在公司内适用，并在 2010 年的年会上使用。那届年会的参会人员包括英国公司总部的高层管理人员和职能部门领导。

现在回看此口号，可能产生了一种文化，导致GSKCI公司在追求销售的同时，不顾忌行为是否合规，导致财政和控制资源与市场相符，这也许意味着“回扣”（付给没有被查出的医生和医院），并导致了不法行为，如在市场中产生垄断。

每年的业务扩张意味着，销售费用的增加，随着人数和销售资源的增加，提供资金给医学会议活动和其他推广性活动相应增加。

人力资源部门增加了销售代表的数量，以及在销售部门增加了有中国市场销售经验的管理人员，如梁某。

改变激励计划，以便鼓励实现销售目标，通过给医药销售代表的奖金。

销售业绩领先的销售代表被邀请加入“精英俱乐部”。

增加了一个医院账务团队来保证GSKCI产品进入中国大医院的药品清单。

人力资源部门同样组织了销售代表年会，以及领导力峰会，以支持销售和业务增长。

商业卓越部在各事业部间协调年度计划的实施过程，并实施了IJSFA系统来监督和掌控销售代表的推广性拜访和活动，并建立了一个中国医生医院数据库。

财务部门没有足够资金来支持销售代表的活动。

转移定价曾用于将利润留在中国之外，导致GSKCI

没有以利润的形式获利，同时在中国的销售额增加了。这些利润通过这种机制，移交给了 GSK PLC。

销售推广费用的增加包括会务费、课程费和其他相关费用，如招待费和餐费。这导致了进口药品的高价。

这些费用使医生获利，并帮助我们与其建立紧密的合作关系。反过来，该推广活动，通过给患者开更多处方药的方式，刺激了 GSKCI 产品销量的增长。

处方药领导团队包括我自己、梁某、黄某（女）、张某国，与商业卓越部和功能部门领导，如人力资源的张某维之间的紧密合作，促进商业发展，实现每年的销售目标。财务部根据市场调查统计，给所有的项目提供资金。

整个中国公司作为一个整体，通过合作，给医生和医院利益，通过举办、赞助各种规模的医学会议、研讨会活动，包括最大型的国际会议，给到科室以外演讲者课程费和其他费用，以实现销售和商业目标。

我未曾意识到这些活动在中国是不合法的，以及 RDPAC 推广规则对中国市场不适用。

这些费用条目都记在财务系统的账上。

6440——政府和非政府人员招待费。

6728、6748、6730、6745 为邀请医生参加会议的费用。

6751——科室会议和课程费。

这些费用都直接或间接付给医生和医院。

……

三十三、医药代表的“秘密”

J是GSKCI资深的医药代表，在GSKCI干了多年。这次GSKCI商业贿赂案发之后，他毅然离开了GSKCI。

他离开GSKCI的时候，接受了记者的采访。以下是他回答记者的文字记录：

记者：请问回扣的副作用有哪些？

答：这是一个老生常谈的问题，回扣的副作用很多人都谈过，我觉得主要有以下几点：

1. 虚高药价，加重患者的负担。因为一个药品里，30%～80%的费用是在流通环节。药价的成本是非常低的，即使是外资品牌，研发投入巨大，但一般一到两年就收回成本了。

2. 药物滥用，抗生素在中国的使用就是一个极其典型的例子。抗生素的回扣，是以药品价格的50%左右支付的。所以，医生喜欢用，过度了，耐药情况非常普遍。

3. 败坏医疗风气，导致医生未必会选择非常对症的药物治疗病症等问题。我自己去医院看病，医生开几种药物，我一般只选其中一种，很多药都是可有可无，但一看就知道里面有回扣。

记者：请问外资医药公司给医生回扣吗？

答：回答是肯定的，给！只是给回扣的方式会更加隐秘而不为人所知，基本上所有的外企都给。入乡随俗，在中国这个庞大复杂的市场里，没有回扣寸步难行。关键是这个回扣以什么方式进入医生的口袋。

记者：支付给医生的回扣会以什么形式？

答：无非以下几种：1. 和回扣金额等值的实物，比如加油卡、超市购物卡、足浴券、其他礼物等；2. 直接现金支付；3. 以赞助学术活动或者旅游的方式。

其中第一种方式主要适用于处方量不是很大的医生，或者说拿实物更加心安理得的医生；最多的是第二种，可以什么都不要，就是现金，简单直接；第三种一般适用于俗称的 VIP 医生，处方量大，在医疗领域是专家或者位高权重的科室主任。正常的学术研究是允许赞助的，但公司会以赞助的名义申请费用，费用一部分，支付回扣一部分。甚至有的医生会要求所有的回扣以赞助形式支付，这种方式极其不容易被发现。

记者：医药外企财务管理严格，回扣不被“允许”，如何顺利进行回扣支付？

答：医药代表进公司时，会签一份类似销售行为规范的文件，这份文件要求按公司的规章制度来规范销售行为，不得进行违规操作，但在实际工作中，会有许多办法变通。

第一种情况：个人报销。比如 A，每个月报销额度 10000 元，其中 80%是以回扣形式支付给医生，他可以用符合公司规定的方式报销，如全部用餐饮发票报销，拿到现金后支付给医生。

第二种情况：会议报销。大多时候，A 需要支付的回扣会超过规定的10000元。比如，有个客户，A每月差不多要支付回扣15000元。这时候，A就需要向B申请费用，B继续向C申请费用，形成共识后，C会以举办会议的名义，批下一笔费用，由A或者B，做一份虚假的会议账单，套出现金，支付回扣；但表面上，举办会议是符合公司要求的。

第三种情况：赞助会议。有的医生会在医院或其他地方举办继续教育，这个赞助总公司是允许的。如果这个医生对公司比较重要，一般大部分相关活动公司都会赞助。实际上这个赞助，绝大部分的费用是支付回扣的；因为来参加会议的医生，都要缴纳费用的，基本用不上公司赞助；所以，以这个名义赞助的钱，就洗白了。

记者：公司不知道销售人员在进行回扣的支付吗？

答：公司当然知道下面进行了许多违法操作，但是公司能说自己知道吗？当然不能。公司有许多制度保障了自己不会因为回扣问题而被追责。

1. 公司让下属签署了销售行为规范，意味着员工要对自己的所作所为负责。违规，就是员工的事情，在制度上，公司把自己置身事外了。

2. 医药外企实行的是直线化管理，从销售代表到地区经理、大区经理、总监、总经理，每一级都可以和上司沟通回扣的问题。但万一出了事情，掐断其中一节就可以。可以推说是下面某个级别的人擅自所为，找一个替罪羊，其他人则安然无恙。

3. 公司有内部审计部门，每年对公司的费用进行审计。每年也会因为财务问题，解雇一些员工，名义上是这些人员违反了公司的规定，但实际上审计只是为了裁员或者权力斗争所用。曾经有一年，一个审计总监在年会上，拜托所有销售人员将账做得像样一点儿，在他们审计看来，每一份账单都是问题一堆堆。而他们的工作只是做样子给公司和外界看。

4. 公司在财务上实行相对宽松的政策。可以这么说，外资医药公司销售人员70%的报销和会议类的费用都是虚假的，假发票、假经营活动。但财务、审计等专业人员对这些视而不见，在某种程度上默认了。

5. 每一位销售代表的费用支出，均需先报上司批准。费用发生后上司核准，准确无误才能使用和报销。这属于管理中的费用管理范畴。上司对费用的去向了如指掌，但万一某位代表发生了关于费用的“违法事件”后，上司可以借口不清楚费用的去向或者使用情况如何，将责任一推了之。但同样销售代表也会有很多办法来和上司相互制约。

记者：外资医药公司的医药代表在公司默许下违规操作，如何自我保护？

答：保护有几种：1. 录音。多年前，就有个前辈告诉我，和上司沟通费用时必须录音。不然出了事，上面一股脑儿全推到你身上，你担当不起。因此，许多代表和上司沟通费用问题时，一般都在兜里装支录音笔，以防万一。甚至和医生交付回扣时也会录音。

2. 投靠。外资医药公司，投靠一位靠得住的上司是必需的。如果你被认为是自己人，那就财源滚滚。万一被审计部门找上了，上司也会帮你摆平。

3. 正规销售。这个当然可以，也是最笨的，后果就是……因为没有回扣，销售疲软，指标完不成，奖金拿不到，在公司的职位也就岌岌可危……

记者：请谈谈你在 GSKCI 做医药代表的感想？

答：我在外资医药公司（GSKCI）工作多年了，在这样的公司里面，工作五年以上就已经是非常资深的员工了。铁打的营盘流水的兵，身边工作的同事几年间换了不知多少茬，在公司进进出出的员工里，不认识的占了大多数。

那些离开的，有一些是因为公司没有归属感，接受不了（他们的）企业文化；有的是因为有更好的发展和追求；有的是因为和上司合作有困难；有的是因为接受不了外资貌似合法，实则违法的操作方式；有的是因为从事这一行的负疚感而选择了退出这个行业。

多年前，国家因对国外先进技术、产品、资金、管理的需求，引进了不少外企。而我，当时也是因为觉得外企有先进的管理、良好的福利，甚至有那么点儿虚荣心，而选择了进入外企工作。多年以后，我却因为对外企有了深层次的了解和巨大的失望而选择离开这个公司，离开这个行业。

外企向来看不起国企，觉得国企的操作方法太低级，而外企则高雅很多。事实情况是如此吗？我在世界医药巨头——葛兰素史克公司工作多年，这家公司在全球的大型医药公司里面大概排名第 3~4 位。

而我选择了离开！

三十四、余音袅袅

“5·09”专案的成功侦破，具有多重层面的意义。

该案侦办在诸多方面进行了大胆有益的尝试，其司法实践推进了我国一次重大的司法改革。

该案是我国司法机关首次对大型跨国药企单位犯罪进行体系打击，全案点多面广，上下线之间链条长，涉及的人员多，犯罪行为立体交织，取证量极大，许多取证模式及证据规格无先例可循。

专案组从综合司法实践和执法成本考虑，制订了科学的侦查思路，即对同一主体采取同一模式进行同一类型的贿赂犯罪行为，认定其总体犯罪，而没有必要针对不同贿赂对象全部查实。

GSKCI 的单位犯罪行为从组织策划到具体实施的脉络是清晰的，其药品销售构架体系和模式造成的下游受贿面广，涉及医药销售终端人员众多，可以采取宏观和微观相结合的方式进行“部分落地，整体推定”，从 GSKCI 公司策划、决策、组织单位犯罪的顶层设计上进行取证，查明其单位犯罪的主观故意、实施动机和总体犯罪金额。

鉴于 GSKCI 公司在一个单位犯罪意志下有组织地进行贿赂，

其分布在全国各地的点、线、链、面（块）单位犯罪行为模式和犯罪类型相同，专案组采取的是“查清一点、连接一线、推定一面、全部累计”的论证和认定法，以查明 GSKCI 的有组织集团犯罪，以贿赂销售的决策者和组织者作为打击重点，以财务审计数据作为认定其单位行贿犯罪的金额，最终成功进行审判，取得历史性胜利。

此案在侦查、审判过程中，一直遵循的原则是：认罪，认罚，从宽！

从 GSKCI 中国公司总裁马克锐到四大高管，到所抓获的犯罪嫌疑人，再到一般医院的医生、院长、药剂科科长，等等，无论是行贿的，还是受贿的，只要认罪认罚，一律从宽。主犯马克锐只判三年，缓刑四年，驱逐出境；张某维等四大高管均只判刑二到三年，且都实行缓刑；剩下的一大批被羁押的犯罪嫌疑人，除非本身有受贿或其他违法犯罪行为，多被免于起诉。

为什么？前提是他们都认罪，都认罚。惩罚不是目的，教育转化才是目的。既然认罪，既然服罚，就从轻处理，这是一个创举，一个充满人性化的创举。

司法的最终目的不是惩罚，惩罚只是手段，目的则是要让更多的人明白哪些能做哪些不能做，任何一个行为都是不能触犯法律的。

显然，这次司法实践，充分体现了这一原则，并收到了意想不到的效果。这种效果最直接最简单的体现，可以从判决后没有一个人提出申诉，没有一起举报告状，没有一句负面反应中体现出来（除了郭某英）。司法效果比预想的还好。

有领导同志指出："（此案）创造了认罪认罚从宽的司法实践（模式），为司法改革提供了宝贵的经验。创新了取证模式，如面对众多贿赂主体，没有采用一一对应的传统模式，而是采取全面侦查（对贿赂对象）、抽样取证（对受贿对象）或者叫部分落地、整体推定的方法。"

这次成功的司法实践，直接促成了我国一项司法改革，这就是"认罪认罚从宽"的司法改革。

2016 年 7 月，经中央全面深化改革领导小组第 26 次会议审议通过了最高人民法院和最高人民检察院共同起草的《关于认罪认罚从宽制度改革试点方案》。

9 月，全国人大常委会通过了《关于授权最高人民法院、最高人民检察院在部分地区开展刑事案件认罪认罚从宽制度试点工作的决定》。

11 月 16 日，"两高三部"印发实施了《关于在部分地区开展刑事案件认罪认罚从宽制度试点工作的办法》。

11 月 28 日，最高人民检察院在江苏省南京市召开全国检察机关刑事案件认罪认罚从宽制度试点工作部署会。会上，北京市海淀区检察院、南京市检察院、长沙市检察院代表分别作了典型发言。长沙市检察院李峰磊处长代表长沙市检察院在会上发言，重点介绍了"5・09"专案实施"认罪认罚从宽"的成功做法，作为典型予以推介。

刑事案件认罪认罚从宽制度试点，是适应新形势、准确及时惩罚犯罪、维护社会稳定的重要举措，是充分体现现代司法宽容精神、贯彻宽严相济刑事政策、强化人权司法保障的重要途径，是推动刑事案件繁简分流、优化司法资源配置、提升诉讼效率的重要探索，是优化我国刑事诉讼结构、完善刑事诉讼程序、促进提升社会治理能力的重要契机。

此次会议要求要从全面推进依法治国、建设社会主义法治国家的高度，充分认识开展试点工作的重要意义，切实把思想和行动统一到中央的决策部署上来，以高度的政治责任感和时不我待的紧迫感，扎实做好两年的试点工作。

至此，一项“认罪认罚从宽”的司法制度改革试点，在全国18个省市全面推开。可以预见，不久的将来，“认罪认罚从宽”制度将在全国各地落地生根，带来的司法效应将不言而喻。

认罪，认罚，从宽，充满期待的改革!

“5·09”专案的成功侦破，还具有以下重要作用和意义。

第一，强烈的震慑、警示作用。

一方面，对GSKCI本身具有强烈的震慑、警示作用。中国警方刚刚宣布调查GSKCI在中国的犯罪行为，GSK总部就表态支持中国警方的行动，判决之后第一时间发表声明对中国政府和人民深深道歉，并且承诺，在药价中排除非法成本，相关药品在中国境内主动降价。当年GSK总部财报显示，受在华行贿丑闻影响，该公司7至9月在中国药品销售锐减61%，冲击最严重的包括一款治疗肺部疾病的畅销药。GSK首席执行官维蒂承认，还不清楚在华业务何时能够复苏。尽管如此，GSK准备金数量足够用于中国法律的罚款，而绝对不会退出中国市场。

另一方面，极大地震慑了其他众多的跨国企业。一段时间以来，中国市场一度被外企认为比较“混乱”，要开拓市场就必须靠钱疏通“关系”。中国警方果断查处了GSKCI公司，这就告诉所有外资企业，中国需要发展经济，也欢迎外资企业来华投资，但前提是合法经营。中国不是法外之地，无论你在世界多知名，实力多雄厚，如果在中国违法犯罪，必然受到中国法律的严厉制裁。此案被查处之后，其他多家跨国药企纷纷主动向我国有关部门申请降低药价，这便是震慑作用的一个具体表现。

第二，彰显作用。

打击在华外资的行贿行为，彰显了中国打击海外商业贿赂、整治市场秩序的决心，提升了国家的清廉形象，有助于减少腐败造成的经济损失；也表明了中国政府致力于完善优化投资环境、努力为各国投资者创造公平竞争机会的决心，有助于优化中国国内投资环境，吸引外资，促进中国经济的长足发展。

第三，开创性意义。

从执法层面上，查处GSKCI商业贿赂犯罪，是我国公安机关侦办的首起特大跨国企业经济犯罪案件，具有开创性意义。

此案无先例可循，侦办过程中遇到了前所未有的困难和挑战。专案组的侦查员们发扬“心忧天下、敢为人先”、“吃得苦、霸得蛮”的湖湘文化精神，敢打敢拼，创造性地开展工作，积累了许多成功的经验，为以后侦办此类案件提供了示范样板。

从办案角度看，此案成功确定了“全面侦查，抽样印证”的侦查模式，为今后公安机关办理同类案件提供了范例。此外，随着改革的深化，以后办案中对涉外犯罪嫌疑人审讯、境外电子证据调取等涉外侦查工作也将逐步增多，本次侦办实践有重要的借鉴作用。

多年以来，究竟给多少“好处费”算是行贿，一直困扰着办案机关。由于相关司法解释没有明确规定，实际操作起来难度很大，所以很多可以认定为行贿的违法犯罪行为，以前没有得到及时的处罚。这在一定程度上助长了少数不法跨国集团为了获取不正当利益铤而走险。这也是近些年来在华跨国集团行贿类犯罪比较突出的主要原因之一。

2012年12月26日，最高人民法院、最高人民检察院联合发布《关于办理行贿刑事案件具体应用法律若干问题的解释》，对行贿罪的定罪和量刑标准予以明确。该解释规定，为牟取不正当利益向国家工作人员行贿，数额在一万元以上的，应按行贿罪追究刑事责任。

该司法解释，第一次明确了向国家工作人员行贿的立案最低标准，即只要是向国家工作人员送的好处费超过一万元，不法企业以及直接责任人就有可能被办案机关以涉嫌“行贿罪”立案调查。可以说，该司法解释的出台，对于调查GSKCI商业贿赂行为提供了有力的法律支撑。

可见，中国相关法律法规的不断完善，是打击海外商业贿赂的重要法律依据。

不能指望这一次查处GSKCI行动，就能解决一切问题，贿赂就能就此绝迹，药价就能迅速下降。

实际上，这些年我们国家某些医院的以药养医制度，也就是一个创收趋利的制度，这个制度已经在药企、药品流通商、医院之间形成了一个很牢固的利益链。在这样一个利益链里面，贿赂似乎成了一个潜规则。

所以，下一步医疗改革的重要工作，就是要彻底砸破这个利益链，从根本上改革这个制度。

此案的成功侦破，为我国抑制进口药价找到了一条路径。我们已经知道了药价虚高的症结所在，进口药的价格转移问题已引起人们的高度关注，发改委的内鬼抓了一批又一批，进口药降价完全可以期许。

同时，通过此案侦办，我们要对办案过程中发现的现行法律和行政监督管理方面所存在的漏洞，进行深入的研究。

如针对跨国药企转移定价及衍生问题尚无刚性和明确规定，需要国家层面进一步改进和完善现有的药品定价管理办法、管理审批制度，尽最大可能剥离药企人为附加在药品上的贿赂成本，使药品定价回归正常，破解医疗机构“以药养医”的畸形现象，使医疗机构和医生的收入增长点由药品转到优质的医疗服务上来。

中国有 14 亿人，用药是一个庞大而又系统的工程，这个产业怎么管理、怎么改革，涉及千家万户。不把这个行业重新整顿好，老百姓就吃不到放心的价格低的药。

查处 GSKCI 功不可没，打击商业贿赂任重道远，中国医改充满希望……

附录

“中国法治文学网络作品征文”获奖名单

一等奖：

长篇小说《警察生死情》（原名《警官生死情》），作者：关玺华

二等奖：

报告文学《中国反商业贿赂第一案》（原名《国家行动——葛兰素史克商业贿赂案侦破纪实》），作者：易卓奇

长篇小说《惊天御瓷案》，作者：刘庆玉

长篇小说《警察与小偷》，作者：葛辉

三等奖：

长篇小说《刑事检察官》，作者：徐苏林

长篇小说《天道》，作者：许丽晴

长篇小说《咒怨》，作者：李双其、陈怡静

中篇小说《断链之谜》，作者：张国庆

中篇小说《疑路归途》，作者：沈雪

报告文学《黄海行动》，作者：殷毅

报告文学《无欲的坚守》，作者：夏晓露

报告文学《老马识途》，作者：艾璞

报告文学《松绑的土地》，作者：李错

散文《往事并不如烟》，作者：肖范科

优秀奖：

短篇小说《抢岗》，作者：张玲玲

短篇小说《法院实习生》，作者：郭雅菲

短篇小说《笔架山的镇山虎和守护神》，作者：黄玉华

中篇小说《调解风云》，作者：骆丁光

中篇小说《无声世界的守护》，作者：杨逾锋

长篇小说《滨江利剑》，作者：苏晓慧、李大志

长篇小说《誓言嘹亮》，作者：楸立

报告文学《寻找一种温暖——医患纠纷人民调解之昆山纪实》，作者：蓝鸿

散文《巡回人的巡回事》，作者：王毓莹

散文《寻找》，作者：范桂荣

散文《让学法伴随我们的人生》，作者：赵建华

诗歌《山涧那一泓清泉》，作者：童国梁

诗歌《儿歌声声唱法治》，作者：林蓝

诗歌《念奴娇·昆仑利剑——和田地区扫黑除恶有感》，作者：杨前勇

诗歌《插上法治的翅膀》，作者：苗云辉

诗歌《法治的力量》，作者：张莎莎、康忠慧、张霞